罗斯蒙德育儿经 II

·罗斯蒙德欢乐家庭书·

[美] 约翰·罗斯蒙德◎著
周 洁 郭俊立◎译

金城出版社
GOLD WALL PRESS

图书在版编目（CIP）数据

罗斯蒙德欢乐家庭书 /（美）罗斯蒙德著；周洁，郭俊立译 .—北京：金城出版社，2015
书名原文：FAMILY BUILDING: THE FIVE FUNDAMENTALS OF EFFECTIVE PARENTING
ISBN 978-7-5155-1222-8

Ⅰ．①罗… Ⅱ．①罗… ②周… ③郭… Ⅲ．①儿童教育－家庭教育 Ⅳ．① G78

中国版本图书馆 CIP 数据核字 (2015) 第 098798 号

罗斯蒙德欢乐家庭书

作　　者	［美］约翰·罗斯蒙德
译　　者	周　洁　郭俊立
责任编辑	方小丽
特邀编辑	宋嘉盛
开　　本	880 毫米 ×1230 毫米　1/32
印　　张	6.5
字　　数	180 千字
版　　次	2015 年 2 月第 1 版　2015 年 2 月第 1 次印刷
印　　刷	三河市鑫利来印装有限公司
书　　号	ISBN 978-7-5155-1222-8
定　　价	26.80 元

出版发行	**金城出版社** 北京市朝阳区利泽东二路 3 号　邮编：100102
发 行 部	（010）84254364
编 辑 部	（010）84250838
总 编 室	（010）64228516
网　　址	http://www.jccb.com.cn
电子邮箱	jinchengchuban@163.com
法律顾问	陈鹰律师事务所（010）64970501

威丽和我一起，将本书献给我们的两个孩子，埃里克和艾美，还有他（她）们的爱人南希和马歇尔，以及我们的六个孙子（女）——杰克、帕特里克、托马斯、康纳、安娜和霍尔登。

目　录

致 谢

感谢威丽，感谢你的耐心和对我坚定不移的支持。

感谢安德鲁斯·麦克米尔出版公司的编辑克莉丝汀·斯琳格，感谢你的严格要求和鼎力支持。

感谢在我的公开巡回演讲以及网上与我交流的所有家庭，感谢你们提供的珍贵信息和数据，感谢你们对我工作的大力支持。

导　言
回到未来

多年以前，在夏洛特飞往迈阿密的飞机上，坐在旁边的一位老妇人告诉我，她要去看望她几个曾孙子。于是我们闲聊起自己的事来，我了解到她和丈夫总共有七个孩子，所有的孩子都很成功——没有人离婚，没有人吸毒，没有人游手好闲。她说她和丈夫当时是白手起家，一开始非常辛苦。比如，在第二次世界大战期间，她丈夫曾两度被派往欧洲战区执行任务，而她当时在兵工厂工作以支援前线。她的孩子们则由附属该厂的政府日托式托儿所来照看。也就是说，在当时最艰难的环境中，她曾是一位单身工作的母亲——现在的女性可能会觉得这个故事是虚构出来的。她的话让我想到今天的父母，即使是在最好的条件下，他们也会觉得抚养孩子是件极其艰难的事情。而老妇人讲起过去的事情时完全是在就事论事，坦然平淡，就好像她的生活里从没有什么异乎寻常的事情发生过一样。

我说："我想要问一下，您在抚养孩子的时候，有没有觉得——或者说，女性是不是更经常有这样的感觉——抚养孩子是件特别难的事情？忙完一天之后会不会觉得精神麻木空虚、身体筋疲力尽呢?”

她有些不解地看着我,然后说:“当然会啦,可这正是你要做的呀。”

这正是你要做的。她并没有在抚养孩子的重要性上打折扣,绝对没有。她只是说自己在生活中扮演了很多角色,在不同的情况下,她都竭尽全力把分内的工作做好。她要扮演妻子、姐妹、女儿、雇员、朋友、邻居,当然还有母亲,她很可能还在教堂或者妇女团体中做过义工。总之,在丰富多彩的人生中,她承担起了诸多的责任和义务,养育子女也是其中之一。换一个角度来说,也就是:在众多责任和义务里,养育子女不过是其中之一而已。

结果表明,她是一位非常优秀的母亲。但是她并没有因抚养子女而像很多现在的母亲一样把自己榨干,她能从正确的角度来看待养育子女这件事。她非常关注孩子们的需要,而不是过度溺爱他们,或因孩子们忙得团团转。这样她就可以用一种轻松,或者说是漫不经心的方式来做母亲的分内之事。这可不能与懒惰混为一谈,完全不是一回事。她坚决要求孩子们要听话,要做好自己的事情,要有礼貌,在学校和其他环境中都要努力向上,做一个有益于他人的人。然而,她的这种坚决要求并非充满了火药味——她的确是在提出要求,但态度是心平气和的。她可能从来没对孩子大吼大叫过,仅仅只是说起话来“毫不含糊”,这样孩子们就会明白不听话是不对的。

这与今天的父母形成了多么鲜明的对比,特别是今天的妈妈们!现在养育儿女,正如许多父母都对我说的那样,是她们做过的“最艰难的一件事”,这种看法在当下被视为理所当然。五十年前(或者更久以前),养育儿女在大多数父母看来是件非常简单明确的事情,为什么如今竟变得如此困难?

可能有人会说:“啊,约翰,别傻了!时代变了!”

实际上,这句话也说明不了什么问题。时代当然总是在变化的。我的祖父母出生于19世纪90年代,在其生命最初的三十年中,他们所经历的变故比本书中所提到的要多得多(想象一下汽车、飞机、电话的出现和应用以及第一次世界大战吧)。然而养育孩子这点并没有因为任何动荡而被改变,我的爷爷奶奶用父辈养育他们的方式来养育下一代。我的父母出生于1920年左右,他们所经历的时代变迁比今天任何一位抚养孩子的人所经历的变化都要多(想象一下短裙、经济大萧条、第二次世界大战以及核能的发现吧)。但我的父母是在我爷爷奶奶的指导下,依据相同的原则和理念来养育我的,几乎完全用了与父辈相同的方法。所以说,“时代变了”的事实说明不了任何问题,因为在后现代之前时代就已经改变了(后现代最早开始于1960年左右),养育孩子这一基本事实却并没有变化。到底是什么使曾经简单的事情变得那么复杂,曾经相对容易的事情变得如此艰难?

正是那些和我一样的人,名字后面跟着各种头衔:心理学家、社会工作者、育儿专家、家庭医生等等——正是这些“专家”发明了“为人父母”这个词,在美国的父母们开始相信这些所谓的“专家”之后,抚养孩子——也就是现在所谓的“家庭教育”,就变成了所有人一生当中最艰难的一件事。而正是那些和我一样的人,即所谓的“专家”,把育儿这汪原本清澈的水搅浑,弄巧成拙,甚至完全把常识给抹杀了。

曾几何时,当父母需要一些指导建议时,他们会向大家庭或者社区中的长者求教——多半是邻居或者和他们一起去教堂的人。而现在,当人们“为人父母”之后,反倒不再相信老一辈的建议了。他们更相信和我一样的那些“专家”们的建议。他们不是走街串巷,登门造访,促膝长谈,而是去大型书店买书。

这就是这本书在你手中的原因,不是吗?你最后一次打电话给母亲问有关抚养孩子的问题是在什么时候呢?

从前,人们都是以他们自己被养大的方式来养育孩子。然而所谓的育儿"专家"会说,这种已经过时的养孩子的方式对孩子的成长非常不利。"过时的方式"会让孩子有心理阴影,会破坏圣洁的"童心",这种方式不承认孩子享有自尊的权利,会导致他们成长为"问题少年"。这些新潮的"专家"们还说,如果要让孩子们心理健康、自尊,那么与抚养孩子有关的任何事情都得有所变化——现在的育儿(child rearing)已经改称"家庭教育",而"家庭教育"又成了"最艰难的一件事情"。在人类历史上,没有哪个民族的孩子像现在的孩子一样粗鲁无理,更不必说那些在我们意料之外的成长问题了。

据说,自从美国父母开始拒绝传统养育孩子的方式,采取了我称之为"后现代心理学式家庭教育"的方式以来,美国青少年精神健康的每个指标都在下降,此处仅举一例:现在十六岁以下青少年的自杀数字至少是从前的三倍,并且至少有五成的青少年极可能患有抑郁症。从 19 世纪 60 年代开始,"专家"们就建议美国父母不要再继续用老一辈的方式来管教、约束孩子,父母们也的确照着做了。这就直接导致了今天的父母们——走在家庭教育革命之路上的一代人,在管教孩子的问题上比他们的爷爷奶奶那一辈存在更多的争论,甚至比我们能想象到的还要多。

几年前,拉斐特·路易斯安那州(Lafayette Louisiana)的一位女士这样说:"约翰,我可以肯定,四年间,我丈夫和我在两个孩子的教育上所遇到的问题,比我的父母养大我们十个孩子所遇到的要多得多!"

这非常可悲，而且我相信大多数美国父母多半会说出类似的话。而更可悲却又不可避免的是，大多数家长其实并未完全放弃传统的教育方式，但在那些“专家”们的耳提面命之下，美国的家长们只能就范，用另一套理论取代传统的教育方式。然而，这套新理论金玉其外败絮其中，美国的家长们只顾没头没脑照单全收，也不看到手的究竟是些什么。最终才极其懊恼地发现，这些“秘笈”根本一钱不值。

事实上，抚养孩子并不复杂，更谈不上“艰难”。当然，养育孩子肯定有很困难的时候，也有些孩子确实天生就比别的孩子更令父母费神。但是，如果有的父母发现在养育孩子的过程中，自己在情绪、理智甚至是体力上都备感疲惫的话，那就说明这对父母肯定在某些方面做得不对。也就是说，如果“困难”是一种常态，那父母的态度必定存在问题——可能他们的出发点不对，或者态度和出发点都不对，他们应该试着做孩子的朋友。父母最大的敌人就是他们自己，因为他们并不明白，成功的家庭教育的基本原则其实无非是家庭教育的常识：如果你刚刚接手一件工作，不清楚其基本法则，那么做起来一定会很困难；等你了解了其基本要求，工作自然就进展得相对顺利。

“抚养孩子是我做过的最难的一件事”，这种抱怨无处不在，这暗示了美国父母的出发点严重不对头。我已经结婚 37 年，我可以很高兴地向大家报告，迄今为止我做过的最难的事，就是维持婚姻；相比之下，帮助妻子教养两个孩子是多么轻而易举的事啊——而且，不管怎么说，他们都不算是让人省心的孩子。因此，我可以用自己的亲身经历来证明，那些抱怨养孩子有多难的人可能——只是可能——有某些事情没做对。如果维持婚姻不是他们所做过的最难的事情（假设他们依旧处于婚姻关系中），他们一定是花了太多精力在孩子身上，于是自然就忽略了婚姻。像任何其他工作一样，只要懂得并掌握一些基本的教育理念和法则，教育孩子就变得轻松简单多了。

这本书并不只是向你介绍这些基础知识，还会教你一些必备的技巧，以便你更好地掌握基础知识。本着简单化的原则，我会从繁琐的理论中提取五个精华的部分。你甚至可以考虑在每个手指上各写一条原则，以备不时之需，这样很快你就可以对这些原则运用自如了。

不过，在掌握五个基本原则之前，我们先要明白养育孩子的意义所在，即我们的最终目的。基本原则是针对目的存在的，因为那五个基本原则是达到目的的手段。不管你信不信，今天大多数的父母都无法回答你，他们为何而努力。我已经问过很多父母："你们的目标是什么？"大多数父母都惊奇地看着我，如同看外星人一样。也有一些父母顺着这一思路回答我："我希望我的孩子能快乐成长。"

然而快乐并不是目的，只是达到目标的过程中的意外收获。是的，意料之外。最后一批制造快乐的人是嬉皮士，他们以制造快乐为目的，但最终并没有找到真正的快乐。他们是有史以来最悲惨的一群人——我之所以这么说，是因为我和妻子在19世纪60年代末到70年代初，曾经试着做了几年嬉皮士。相信我，嬉皮士都在乔装快乐。他们没有任何目的，就像我之前所说的，快乐并不能作为一种目的。嬉皮士完成不了任何事情，因为当你的终极目标就是没有目标的话，那就不可能获得任何成就。只有那些一事无成的嬉皮士才能称之为真正的嬉皮士，所以我们及时从噩梦中清醒，不再做嬉皮士。快乐，是行动过程中所收获的意料之外的成果——过一种符合道德标准的生活，做一个好邻居，妥善地履行自己的义务，诚信为人，同情那些不幸的人，善待他人正

如你希望他人善待你一样……诸如此类，你想得到快乐吗？那就遵守基督教的十诫吧①(Ten Commandments)！

真正的快乐是一种意外收获，更有利的证据是——以有些人为例，他们喜欢说："只要我有一座新房子(新工作、新车以及其他东西)，我就会快乐。"你迟早会发现，当他们有了新房子、新工作、新车或者任何他们声称可以使自己快乐的东西时，他们依旧不快乐。因此，快乐是正常生活中意想不到的收获，而不是拥有"正常"事物的结果。

最近，我有一位同道刚刚对快乐加以总结，他的总结与我对快乐的定义是一样的。在南加利福尼亚的希尔顿海德岛举办的一次研讨会中，在我演讲休息期间，他与我攀谈起来，说："约翰，像你刚才所说的一样，其实我的父母并没有考虑我是否快乐的问题。他们想让我成为一个优秀的人，而且他们一直在说，如果我足够优秀，我自然就会快乐的。"

他的父母很可能从来没读过任何一本关于养育儿女的书，然而他们凭直觉意识到，目标应该是把孩子培养成一个优秀的人，一个相当"好"的人——他们知道，这样一个人会是快乐的，但养育一个快乐的孩子并不是目标。他们的目标是培养一个优秀的人，即使诱惑向他招手，他也能做出正确的选择。而快乐只是一

---

①《圣经》的《出埃及记》中说：摩西带领以色列人逃离埃及后，来到西奈山，上帝下达了十条诫律，即"摩西十诫"。除"十诫"之外，还创立了一系列法律，条文非常详细具体。"摩西十诫"地位很高，因为它是通过"上帝的手指"刻在石头上传给后人的。在旧约中，这是最高的律法。现在的基督徒也认为这是神对人最基本的要求。"十诫"的主要内容包括：信仰专一，安息日不能做事情，孝敬父母，不可杀人，不可奸淫，不可偷盗，不可陷害他人，不可贪恋别人的房屋，不可贪恋别人的妻子、仆婢、牛驴，并他一切所有的。

种副产品。

我小的时候，父母和老师都喜欢说："好公民始于家庭。"回想起这句话，我终于意识到，在过去，人们培养的对象不是"孩子"，而是"成年人"。父母们尽职尽责，他们清楚地意识到自己的目标在于培养一个好公民。

如今的父母都被洗了脑，他们认为那些传统的育儿方式都是自负的。我将用一整章的篇幅来戳穿在这个心理呓语[①]的真相，但是现在我只是想强调一个我曾经提及过的、一种与普遍观念相对立的观点：当抚养一个孩子的目标是培养一个好公民的时候，孩子们就会快乐很多。如果孩子的临床忧郁症患病率可以用以作为数据支持的话，那么传统教育模式成长的孩子至少会比现在的孩子快乐五倍。这应该可以说明："专家"们都错了。

在这本书接下来的部分里，我们将会得出一个正确的结论。

---

①心理呓语，指肤浅地滥用心理学和精神病学概念和术语的言论或者写作，尤其流行于20世纪60年代嬉皮士中间。

家庭教育的基本法则之一

最重要的是家庭，而不是孩子

因此，人要离开父母与妻子联合，二人成为一体。

《创世纪》2:24

在导言的最后，我写道："'专家'们弄错了。"当然，我指的是心理学家和其他从事心理健康研究的专家们，他们从20世纪60年代开始(在媒体的大肆宣扬下)以美国的育儿专家自居。他们让美国父母放弃了原有的育儿方式与为人父母之道——这种方式影响了数千年的西方文明，而去接受另一套来自"天外"的育儿理念。家庭，过去是以父母为中心的，现在却变成了以孩子为中心。事实上，现在的父母不再是与对方结婚，而成了与他们的孩子结婚，美国家庭的里里外外都被彻底颠覆了，甚至从此步入歧途。

"专家"难道更聪明吗？不。拿菲力博士来说，最初我听人提到过他，很快他就出现在荧屏上，成为奥普拉脱口秀的现场心理指导。我最初开始对菲力博士现象感兴趣时，是在他以心理专家的身份出现在奥普拉的节目中之后——人们都说他和我很像。于是我便开始对菲力博士现象感兴趣。我禁不住好奇，所以就去看了他的网站。我立即看到了一些危险的信号。

首先，是所谓的权威意见——这些意见是在相对"正确"的语境中提出的："这不是对和错的问题，而是是否有用的问题。"这种看法来自一种我不喜欢的哲学：实用主义。实用主义即用结果来评价手段。实用主义者认为，为了利益与目的可以不择手段，在他们看来道德是相对的,约翰·福·马克阿特尔在《正直的力量》中指出,这种实用主义的观念会不可避免地导致良心与信仰之间的妥协。

我对菲力博士的实用主义宣言的回应是:不,这绝对不是有没有用的问题,而是对与错的问题。就个人而言,我宁可做正确的事情,即使它“没有用”,在这一点上我还是有同道的,这让我感到很欣慰。现实显然与菲力博士所持有的观点恰恰相反,根本就没有道德中立的行为,那是后现代的谎言,它只能吸引某些道德松懈的人,某些相信可以用结果来证明手段的人。菲力博士显然可以作为否认普遍真理存在的代言人,这些人,比如菲力博士的顾问奥普拉,他们企图相信真理可以自我界定,并通过内省,通过专注于自己的内心并看到“内心的孩童”或“内心的佛陀”的方式来发现它。这个观点反映在奥普拉的口头禅上——“你的原则”——这种世界观把以自我为中心、以自我为正义标准的观念看作是正当的,否认有永恒不变的是非标准,因此我相信我与菲力博士无法达成共识。

菲力博士令我震惊的第二个方面是所谓的专家级的知识。他可以帮助你提高自我形象,让你的婚姻(或你的其他关系)、你的性生活、你的工作关系都恢复正常,他还可以帮你减肥。换句话说,菲力博士声称他有能力帮任何人做成任何事情,这位后现代启蒙主义者持有开启方方面面幸福生活的钥匙。不用说,我非常怀疑那些声称自己无所不能的人。不幸的是,从他那极高的收视率可以看出,许多人都被他镇住了。

第三个吸引我的方面是菲力博士天真的观点。在他看来,人们用五天时间就可以彻底改善他们的生活!真是太有想象力了!这种允诺对那些只有短暂注意力的人来说真是充满了吸引力,并

能立刻让他们产生一种满足感。而我的人生阅历和专业经验使我相信,如果一个人由于参加了高密度的、三五天一组的治疗,或“遭遇”一些经历(见菲力博士的“迎接真正的挑战”),可以感受到一种戏剧性的生活变化,那么这些“转变”一定是靠不住的。即使不是三个星期之后,那么至多三个月之后,那些曾发誓要改变自己生活方式的,以及到处积极宣扬其所持有的新的深刻见解的人,都会做同样的事——责备他人,他们会表现得像是一个受害者,并且把他或她的自以为是强加给身边所有人。菲力博士所做的一切,就是在高呼新世纪、实用主义、宗教人文主义、道德相对主义和后现代主义的口号。

此外,我还浏览了他的一些脱口秀节目,几年来我一直在做这件事情。有一些事情让我很困惑,那就是让人们走上荧屏,并且鼓励他们承认自己的爆炸性事件,比如通奸——就像最近突然出现的菲力博士现象一样。这是伪装成心理治疗的耸人听闻的做法,这使菲力博士看起来只不过是杰瑞脱口秀的另一个更复杂的版本。但是,也许正确与否并不是评定这个节目的关键,收视率才是最重要的标准。那么,他们的确做得很好。

我被菲力博士的《家庭第一》深深吸引,因为它涉及到我专业方面的问题。我买了这本书,读完之后发现它并未让我大感意外。它与我预想的差不多:一个政治上和心理上的正确观点出现了,并一举纠正了美国父母接受了三十多年的、一贯被主流育儿“专家”批评的旧观点。比方说,尽管书的标题表明其观点是要建立一个牢固的家庭,但它的内容竟全部都是关于如何抚养孩子、重视孩子、与孩子建立良好关系的。这本书最重要的部分还给出了有关纪律的建议。换句话说,书中几乎所有篇幅都是关于孩子的。然后,菲力博士又一再重申,真正有效的教育孩子的方法,主要依赖稳定的婚姻。丈夫和妻子之间的亲密关系要比父母和孩子之间的亲密关系更坚固。由此可以推知，菲力博士认为，一个牢固的家庭就是一个牢固的亲子关系的一切。

在某些情况下，菲力博士给出了一些在我看来是彻头彻尾的坏主意。比方说，在关于混合家庭的章节中，他认为当涉及到继子女的管教问题时，继父母应该退一步，将这一问题留给孩子的亲生父母——他认为这是解决争端的良方！当涉及到孩子教育的时候，第二次婚姻较第一次婚姻有更高的失败率，其首要原因是亲生父母不会将严格管教孩子的权利完全交给继父母。通常而言，如果母亲拒绝继父管教她的孩子，这就使得继父在家庭中处于次要地位。他成为一个旁观者，一个外围人物，他存在的唯一意义，仅在于他可以使一个母亲和她的子女住在更好的处所，协助这位母亲完成后勤事务(比如让孩子按时参加课外活动)，并且满足了她在性方面的需求。这并不像是在描述一个家庭或亲人之间的关系，但它确实反映了很多所谓混合家庭和再婚家庭在处理家庭关系时所出现的问题。

我与那些继父、继母交谈时，不止一遍地听到这些重复的话："他/她不准我管教他/她的孩子。据说，根据他/她读的一些书中的说法，我的管教会让孩子们非常困惑。我不是孩子的生母/生父，所以如果我管教他们，他们就会憎恨我，还可能会将他们的不满发泄给我的配偶——他们的亲生父母——因为他们会觉得自己被他/她出卖了。至少我是这样认为的。因此，他们没有理由尊重我。我认为我的任务只是使他们的生活更舒适。同时，我应该明白，孩子们专横跋扈地对待我是因为他们有'父母离婚的阴影'。这是他们表达愤怒的唯一途径。我的管教似乎只会给他们带来更多的心理问题。在这种情况下，我到底应该怎么办？"

菲力博士在这一问题上的建议表明，他在"家庭真正意味着

什么”这一问题上认识不足。一个家庭是社会的一个组成单位，理想的家庭是围绕一个稳固的婚姻组成的。我强调“理想”，是因为一个单亲家庭或许也能很好地行使家庭职责，但绝对不会处于“理想”的状态，我敢肯定，单亲家长们也会同意我的看法。而且，婚姻带给孩子的力量是其安全感的最重要来源。无论婚姻的成员两个都是亲生父母或是继父母，还是其中一个是继父或继母，这都是无关紧要的。我再说一遍：一个家庭的力量取决于创造这个家庭的婚姻的力量。

是的，单身母亲和她的孩子构成了家庭，但是，当她再婚时，不仅是在已经存在的家庭中增加一个男人那么简单，她和新任丈夫正在创造一个全新的家庭。旧的家庭已经不存在了。作为一个新的家庭，它需要新的原则和诠释，而其中应该有一点：继父必须对孩子有全面管教的权利；相应的，孩子也必须听从继父的话。再婚后，母亲应该渐渐地与孩子“产生距离”——她应该提前通知孩子们即将发生的情况，以免他们存有幻想，误以为妈妈再婚后仍然长期只“属于”他们……然而，如果这一规定和协议在起初没有达到共识，这个家庭将会遇到麻烦。

不，我和菲力博士不同。虽然我们都说出了自己的心声——但是这已经是我们的全部共同点了。

婚姻箴言和家庭 101

关于婚姻和家庭，我坚持自己之前提到的观点：夫妻关系必须比亲子关系更加牢固紧密。在一次采访中，一个记者问我：“当今天的孩子们长大成人时，他们面临最大的问题是什么？”

我回答说:“大多数人意识不到婚姻到底意味着什么。因此也就更不知道家庭意味着什么。”

当今爱儿(女)心切的父母很少扮演丈夫与妻子的角色,相反,他们更喜欢扮演父亲与母亲的角色。这也就妨碍了孩子们去了解婚姻到底是什么。美国新式理想化的家庭中,有一大部分家庭是建立于这种错误的想法之上的,即你越关注孩子,或者你为他们做得越多,就越代表你是个好爸爸或者好妈妈。

过去,纵使婚姻有不完美之处,美国孩子仍然在以婚姻为主轴的家庭中成长。妈妈是家庭“主妇”,而非整天在家不断围绕着孩子打转的“母亲”。即使她外出工作,回家后也不会满怀罪恶感,恨不得整晚都将全部心神放在孩子身上,照顾他们,直到孩子们愿意上床睡觉,以此来消解白天不能陪同他们的愧疚之感。同样地,爸爸在结束工作回家时,也不会想借助跟孩子玩耍嬉闹一整个晚上,以此来“重新培养”亲情。相反,他回家后会期待与妻子、这位他选定的人生伴侣,共度一个宁静的夜晚。晚饭后,爸妈移至客厅,边啜饮咖啡边聊天,而孩子们都有自己的事要做,比如写作业——这也是他们必须得独立完成的事。他们并没有归于“被遗弃的子民”之列。这是一个普遍原则,当然也有例外,不过夫妻关系显然应该比亲子关系更为牢固紧密。

有人可能会说:“拜托,约翰,实际上你并没有说明为什么夫妻关系应该比亲子关系更牢固,而只是在说两者应该一样牢固。”

不对,我的的确确是要强调夫妻关系应该更牢固。与今天不同的是,20 世纪 50 年代之前的妈妈们不是“嫁”给孩子,而是嫁给她的丈夫。与今天的爸爸们也不同的是,过去的爸爸首先是一位丈夫,其次才是一位父亲——显然,他并不是孩子最好的玩伴(这是美国为父之道的一种新观念)。在任何其他情况下,过去的

孩子都可以在家庭生活中领悟到婚姻的真正意义，而这种领悟甚至比成为一名优秀的学生或体育明星都更为重要——是的，要重要得多。

如果你需要更多的论据来说明为什么夫妻关系应该永远在亲子关系之上，那你可以从这个角度考虑一下：父母间的关系不佳，甚至可能随时瓦解，是最令孩子感到不安的家庭因素。反之，如果父母间的关系虽然称不上完美，却牢固到足以渡过各种难关，并最终达成一致的话，孩子一定会备感安心的。

稳固的夫妻关系是孩子自立成人的充分保证。事实上，孩子并不是父母幸福的必要条件。相反，婚姻才是决定家庭幸福的关键。这种幸福的力量能给予他们强劲的力量，使孩子更有勇气独自面对生活，四处闯荡。孩子离家应该变成一件值得庆祝的事情，令人雀跃且充满希望。父母将夫妻关系放在第一位，可以使得孩子能够安心开始为自己未来的生活做准备。当孩子了解到父母的幸福更多来自于婚姻关系，而不是他时，会让他放下包袱，离家追寻自己的生活。然而，当亲子关系被放在家庭关系中的第一位时，分离就变得困难了。有时，孩子虽然表面上离了家，但情感上却无法接受与父母分开。离家甚至可能像是“离婚”一样痛苦，以至于事后任何一方都很难从分离的创伤中完全恢复过来。

现在社会上存在“空巢综合征”和“啃老族”[①]两种现象。“空巢综合征”是说，溺爱孩子的父母们，当他们的孩子独立成家另居他所之后，父母便会感觉生活失去意义。简单说来，他们的婚姻

---

①空巢综合征、空窝综合征、孤寂综合征，即子女长大后另居，孤独的父母亲常感到抑郁寡欢；“啃老族”在美国称为归巢族（Boomerang Kids），指孩子毕业后又回到家里，继续依靠父母的照顾及经济支援；在中国多称为“家里蹲”或“啃老族”。

在很久以前——很可能是在第一个孩子出生之后，就失去了意义。这就难怪那些孩子刚刚独立成家的家庭，往往更容易面临离婚的危险。三十多年前并没有出现那么多孩子“啃老”的情况，现在却需要发明一个新的名词来定义这一现象了。

父母能给与孩子最好的成年礼，不是一辆新车或一栋公寓，而是让他拥有自己永远有家可回的安全感——提醒一下，这里的“回家”不是住在家里，只是探访父母。我与很多已独立的青年人聊天时，他们都告诉我，生活中最大的痛苦就是不得不纠结于如何合理安排时间，以便夫妻二人可以分别回家探访父母。

有时候，我已成年的孩子们会告诉我和我妻子，父母一直厮守着彼此，会让孩子们感到自己非常幸运。其实孩子们也只是随口提起，因为他们很清楚，我们之所以能厮守到老，与运气无关，我们只是让事情维持原本自然的秩序罢了。

说些“无关紧要的事”

最近我告诉台下的听众：“我可以通过一个简单的测试来使你的育儿压力[①]减少一半以上，创造一个更加宽松、和谐的家庭环境，并且让你孩子的童年更加无忧无虑……有谁愿意尝试一下，请举手示意我。”在我看来，好像每个人都举手了。

“好的，这是最理想的情况，”我接着说，“告诉你的孩子每一

---

①育儿压力(parenting stress)是指父母在扮演亲职角色时，在亲子系统里受到父母个人的特质、亲子互动、子女特质及家庭情境因素的影响所感受到的压力。

次他\她课后只能参加一种课余活动，包括偶尔去参加的教会青年团体。如果你有好几个孩子，就告诉他们不能占用周末下午和星期六上午的时间出游，也不应该耽误任何晚餐的时间，要基本保证每晚都能与家人碰面。并且，告诉他们整个夏季都不应有什么其他的活动，夏季就应该是家庭度假时段。有人认同我的说法吗？”

这次没人举手了。全场一片沉寂。四百五十双眼睛盯着我，就好像我要逼他们跳悬崖一样。对现在美国的父母来说，取消孩子们的业余活动，就好像做父母的让孩子自杀一样。然而，如果我没有采取公开举手表决的方式，他们如何能对孩子证明自己曾经在这个问题上做出过不一样的选择？

对于父母应该限制孩子业余活动的观点，我还没有听到过任何有力的驳斥。一个有效的挡箭牌，大概是说孩子在业余活动中能够自得其乐。一位家长曾经问我：“我如何开口告诉孩子不允许他做自己喜欢的事情呢？”我回答道：爸妈应该这样说：“你不能一味地只做你想做的事情。”就这么简单。你可以做一切你想做的事情吗？不可以。那为什么你的孩子就能做一切他想做的事情？难道整个家庭的需求不比一个孩子想要他喜欢的东西更重要吗？此外，当你的孩子长大成人后，没有人会允许他们为所欲为。而且，大家都知道，一个家庭会大大受益于那些心态平和的父母，而不是那些总一成不变地喊着“快点，我们得走了”的父母。

真相往往是令人震惊的，但事实不容置疑：其实孩子根本不需要那些课外活动。绝大多数活动对他们的人生都不会产生影响。百分之九十九的情况下，孩子们现在参与的任何课外活动都与他们在三十岁时做的事情无关。进一步说，即如果他们现在没有参加这些活动,那三十五岁时他们很可能还有机会再参加同样的活动,在其他方面也是这样,就像我前面讲过的。

曾经有一位听众反驳道:“但如果泰格·伍兹(Tiger Woods)的父母不让他那么早就开始打高尔夫,他今天又会在做什么?”①

我回答说:“说不定泰格会成为一名病毒学家,并有可能发现治愈艾滋病的方法。”

让我们面对现实吧:泰格·伍兹并没有对人类的发展作出极大的贡献。可悲的是,美国民众错误地把泰格一类的公众人物——当然,他可能是一个不错的人——视为现代英雄。在生活中,泰格克服了什么样的障碍?有什么可歌可泣的奋斗史?根本没有。因此泰格绝对没有资格成为一位英雄。

可能有人会问:“如果我的孩子非常有天分,比如有音乐天分,我也阻止让他/她发挥才能吗?”

请记住,我并不是说不让你的孩子参加所有课外活动,而是只让他们选择其中之一。如果你的孩子很有音乐天赋,并且他/她非常重视音乐,如同你非常重视其音乐才华一样,那他/她可以选择一种音乐项目作为自己的业余活动和爱好。如果他/她没有选择你为他/她选定的项目,那么自然就会将天分用在别的领域(其实也可能根本不存在天分这回事)。到他/她四十岁的时候,毫无疑问,他/她同样会在自己选择的道路上走得很顺利,就好像走在你为他/她选的道路上一样。不,事实远非如此。事实上,相较于父母为孩子做的选择,孩子总是会在自己选择的领域里做得更成功。

---

①泰格·伍兹(Tiger Woods),美国最著名的职业高尔夫球手,主宰了过去十年的高尔夫世界,获奖无数,幼年时就开始在高尔夫届崭露头角。

另外可以确定的是:氛围宽松的家庭所要面对的管教问题势必也会比较少,今天的父母遇到的很多管教的问题都不过是压力的产物,孩子在压力之下很容易反应过激,并且会举止失礼。压力引发焦躁,进而导致冲动,这种失礼的行为是对父母管教无力的回应。这种连锁反应会让亲子关系走入恶性循环。你的压力越小,面对管教问题的时候也就越轻松(并且考虑得更周到),你的管教方式越轻松,也就越有效。所以,抽掉孩子的课外活动,你将得到一个表现良好的孩子,你也会是一位更有涵养的父亲或母亲。随着自由支配时间的增多,你的孩子可以更好地完成作业,并且不需要你做大量的辅导。或许,他们还有时间去做零工。试想一下:既能让孩子"赚钱维持生活",与此同时,又让孩子获得了一种坚实的为他人服务的理念。

另外,尽量少将焦点集中在孩子身上,能够创造出较为宽松的家庭环境,而这一切与心态平和的父母结合在一起,就会转化成为更强有力的婚姻保障。大家都知道,轻松的氛围有利于人与人之间更好地沟通与了解。在婚姻中,没有什么比家庭的健康更重要了。我并不是说单亲家庭就不健康,我只是在强调一个无可争辩的事实:如果你已婚,且有子女,那么家庭的幸福,根本上依赖于牢固、适宜的婚姻。无可争辩的统计证明,与生活在单亲家庭中的孩子比起来,生活在完整家庭的孩子在各个方面都更顺利些。

那么,到底应该怎么做呢?如果美国家庭消遣闲暇时间的首选是"让我们完全放松,享受美好的家园",那该多好啊!

最近有人问我:"在你的孩子还小的时候,除了家庭活动外,他们还参与了什么其他的活动?"

事实上,家庭活动是他们首要的课余活动。我儿子埃里克现年三十六岁,在橄榄球队打了一个赛季的球,直到教练让他担任四分卫。① 埃里克立刻问我们他是否应该退出，他解释道："每个人都争当四分卫，然而我害怕受伤。"于是我们建议他退出橄榄球队，但是他必须得自己告诉教练这一决定。之后他又踢了一个赛季的足球，但是他不想再踢下去了。我们问他为什么不再继续踢下去，他说，教练和家长都把胜利看得太重要了。因为我们很少去看他的比赛，所以他并没有把我们纳入到他的评价体系之中。我们帮不上他什么忙，但同意他对此所做的睿智的分析。结果他又一次亲口告知教练，他决定退出球队。除了他以少年的身份参加过的一个名为"年轻的生命"的基督教青年团体外，这就是埃里克课外活动的全部履历。

我们的女儿艾美，现在三十二岁。九岁的时候，她说想去上钢琴课。上了两个月的课之后，在老师建议下，我们给她买了一架钢琴，因为已经投资了，所以她在家的时候就经常练习钢琴。但是，我们告诉她，她并不是一定要练琴，除非她自己想练——练习是她和老师之间的事情。艾美的钢琴课一直上到高中的最后一个学期。在她十几岁青春期的时候，还曾经在一些社区剧团中扮演过角色，她也参加过"年轻的生命"这一基督教青年团体。

我们养育儿女的那几年，妻子威丽和我亲眼目睹了孩子的课余活动如何占据了家庭的闲暇时间。家长们好像从来没有把时间留给自己或者婚姻。他们经常抱怨种种疲惫和压力的折磨(就好像疲惫和压力不是他们的人生选择所决定的似的)，家庭里的每一位成员都处于忙碌的状态中。

威丽和我回顾了一下我们的家庭生活，发现还算是轻松无忧。在我们家里，"家庭"的概念永远放在第一位。我们是以婚姻

---

①美国橄榄球的四分卫，多指挥进攻。

为中心，而非以孩子为中心。埃里克和艾美会做些家务活（实际上，他们从九岁零6个月开始就做家务，这一习惯一直持续到他们离家去读大学），之后做家务便成为他们闲暇时间里的一种业余爱好。其实，我们养育孩子过程中非常重要的一个特征，就是我们很少看电视，我们家里甚至没有电视，父母平时的主要任务就是给孩子创造美好的童年回忆——野餐、远足、露营、泛舟、旅行……诸如此类。除此之外，一家人几乎每晚都坐在一起吃晚饭。

埃里克现在有一个幸福美满的三子之家，他是一名喷气飞机驾驶员，闲暇时间都和家人一起度过。他与妻子南希以及三个乖巧的孩子都住在我们的家乡，北加利福尼亚的加斯顿。对他与南希来说，没有什么比婚姻和家庭更重要了。埃里克放弃了橄榄球队，但这并不意味着他就是一个难以担当大任的人——事实证明，他在飞行训练上投入了很大的精力，在二十四岁的时候就可以驾驶喷气式飞机——对于训练有素的非军事人士来说，他的确年轻有为。

艾美是幸福的三子之家的主妇，她与马修（Marshall）定居于得克萨斯州达拉斯市（Dallas）。她受过良好的教育，聪慧并且有很强的工作能力，然而与做其他事情相比，她更适合在家里相夫教子。在她的家里，也总是全家人共进晚餐，并且不会出现“快点，我们得走了”的情况。

父母最大的快乐，就是看着孩子成长为传统价值观中善良、健康的人。换句话说，也就是成为一位好公民——像长辈们常说的：“好公民始于家庭中。”好公民不是始于球场，而是始于家中；不是始于幼儿园，而是始于“家庭课堂”上。

我与劳拉博士看法不同

关于一个家庭中最重要的究竟是什么的问题,我也不赞同劳拉·施莱辛格博士的说法。当我听到她在辛迪加电台脱口秀中自我介绍为“孩子的母亲”时,我立即感到无法认同。首先,她是先与丈夫结合,而孩子是他们爱情的结晶;其次,在孩子成人离家之后,婚姻还将继续存在。而劳拉博士却认为自己首先是位母亲,其次才是人妻。

我和劳拉博士不仅在这一问题上存在分歧,我们在很多方面都抱着不同的观点。例如她在孩子上托儿所(日托)这个问题上的态度。劳拉博士认为日托是不利的,孩子不应该待在托儿所里——她非常肯定自己的结论,在任何条件下都没有例外。

劳拉·施莱辛格认为,把孩子放在托儿所里的父母是自私的,他们把物质价值置于孩子的精神需要之前。毫无疑问,有些家长的确如此。但更多把孩子放在日托所里的父母,是为了利用白天时间工作赚钱,以保证孩子有更好的未来,确保他们可以担负起孩子畸齿矫正以及今后读大学的费用。这是现实所迫,并非物质主义,更不是自私的实用主义。

至于施莱辛格所斥责的家长以自我为中心的问题,大多数平时要工作的父母的解决办法,就是用晚上和周末的时间来补偿孩子,与孩子们在一起,让他们成为焦点。这样做,无意间就会营造出一个以孩子为中心的家庭,无论孩子还是父母都不会是最终的受益者。在这种背景下,孩子会渐渐变得以自我为中心,工作的父母主观上并无意于把孩子置于工作之后。事实上,大多数父母

更容易把孩子看得过于重要，谁主谁次的问题在他们那里混乱不清，但家长的初衷未必是以自我为中心。

孩子以及托儿所的问题远比劳拉·施莱辛格所分析得要更复杂。她正确地提出了这一问题，但却做了错误的解释。她不是一名“有用的”专业人员，施莱辛格在这个问题上坚持的教条主义是武断而没有益处的。

在一部分美国父母的观念中，上托儿所一直都被看得很重要。事实上，托儿所一直以来都是必须的。对母亲来说，送孩子去托儿所是必要的，这意味着母子分开一段时间，母亲要把孩子委托给别人。不过今天的入托跟以前的区别在于——之前，当母亲不得不把孩子委托给别人时，她会委托给在自己家附近、步行就可到达的人家。不幸的是，这种便利条件对当下的母亲们来说不再有意义。今天，需要让别人看护孩子时，母亲们的首选会是雇保姆，或者交钱给正规的托儿所。

我认为，父母把孩子放在托儿所里是迫不得已的。而如果并非迫不得已的话，那无论如何，我都反对把孩子放在托儿所里。我相信父母之所以把孩子放到日托所里是由环境因素决定的，他们不得不如此。在这个问题上，我认为是个人的成长经历形成了我的观点。在我七岁之前，母亲都是单身，这期间她要一边工作一边读书。因为她身边没有亲人来帮忙照看我，所以除了把我扔到大街上，送去救济院或者让别人收养我，妈妈别无选择。于是我一天中的大部分时间都在“三只小猪幼儿园”里度过。

然而，劳拉博士有一点是正确的，那就是无论托儿所的条件如何，上托儿所都是件冒风险的事情。

托儿所真的有必要吗?

我们生活的后现代社会以猖獗的反智主义(anti－intellectualism)为特征。比如,不以是否有足够的客观证据证明某种说法来衡量这种说法是否正确,而是主要看人们是否接受这种说法。更常见的,则是如果某件事侵犯到了一部分人的利益,那就必须做出调整。

我想起了大多数人对别尔斯基(Belsky)(伦敦大学心理学教授)调查结果的反应。他的调查结果显示,学前在托儿所待过一段时间的孩子,比在家由妈妈照看的孩子更具侵犯性。别尔斯基正在进行托儿所对孩子影响的研究,虽然对于这个问题一直存在争议,但他却可以自圆其说,他的论证无懈可击。孩子去托儿所和待在家里有本质上的不同,因此对孩子的培养结果也不同。再者,任何有点常识的成年人都不会认为,与慈母相比,托儿所的阿姨能提供给孩子更健康的发展环境。因此,由母亲来带大孩子无疑是比上托儿所更好的选择。

在这种情况下,常识告诉我们别尔斯基是对的。孩子一周超过五天待在托儿所里,与其他孩子一起争抢玩具、空间和关爱,一定会比在家照顾的孩子更好斗。但对很多人来说,别尔斯基的数据和常识根本无关紧要。他们只是愤怒于他居然敢大胆公布这一事实。

迈克尔·巴克尔是《纽约每日新闻》(New York Daily News)的专栏作家,他说别尔斯基在"妖言惑众",威胁那些把孩子送去托儿所的父母。美国对"反智分子"做出的回应中,巴尔克

叫别尔斯基“白痴”(pinhead intellectual),甚至指责别尔斯基:如果他的研究不让父母感觉受用,就不应该进行这个研究。

尽管反智主义的态度与别尔斯基的研究数据有所出入,但并不是完全唱反调。我通过电话参与到美国有线电视新闻网络对别尔斯基研究成果的讨论中——与其说是一场讨论,还不如说是一场唇枪舌剑。其中一位参与者,是亚特兰大电台脱口秀的主持人,他说很多妈妈在节目中说,与孩子一起呆在家里是她们做过的最好的选择。与上班呆在办公室相比,很多妈妈更喜欢在家。然而,这一事实与别尔斯基的研究又有何关联呢?很多妈妈告诉我的话恰恰与之相反:她们觉得孩子待在托儿所更好些。我的意思是说,如果是作为个人论证,那么别尔斯基的研究并非有效也并非无效,都属于个人看法。但是,需要注意的是,别尔斯基所从事的是社会科学,不是个人科学。虽然他也承认他的研究结果并未完全达到预期的效果。

但是,这仍然是常识层面的问题。常识认为妈妈照顾孩子一般会比雇来的人照顾得更好。常识还说寄居在托儿所的孩子会比在家里长大的孩子养成更多的攻击行为。事实上,别尔斯基的研究与常识简直一样。进一步说,他的论据也得到了其他研究的支持。例如,越来越多的孩子去上全天托儿所,而儿童行为问题也相应地越来越突出,毫无疑问,是这一规律正在发挥作用。

十年前,我在每周为报纸的“辛迪加专栏”写文章时,曾写过类似的话:我们不要再自欺欺人了,对于学前儿童来说,与被充满爱心和责任感的父母照料相比,上最好的幼儿园未必是更好的选择。也可以这么说:我认为让孩子接受家庭教育比让他/她上幼儿园要更好。事实上,在我刚刚公开我的研究成果时,很多学者的研究成果也印证了我的看法(包括别尔斯基),大家的观点基本趋于一致——与被有责任感的父母在家照看的孩子相比，那些从小在幼儿园浪费了大量时间的孩子，更容易有一些严重的行为问题（例如攻击性倾向）、注意力不集中，以及更多的健康问题，后续的学习困难等问题。

《得梅因纪事》(Des Moines Register)这份报纸转载了我的专栏，并决定就我所关注的问题组织一次论战。过了几个月后，该报的注册专栏作家、特邀专栏作家，也是一位编辑，在一篇匿名文章中，针对我的立场问题而一直攻击，指责我“将妇女权益事业倒退了25年”，这简直岂有此理。

然而，朋友们，这场斗争还远远没有结束。事实上，这只是个开始——这是事关美国家庭的一场斗争。卡尔·马克思说过，传统的、自主的、完整的家庭是建立社会主义乌托邦式的梦想最可怕的障碍。我认为，当越来越多的父母决定离开家外出工作，让孩子上托儿所，人们头脑中的家庭观念就已经被削弱了。这种削弱，使得孩子不能在最好的环境中生活。似乎家长和孩子都在承受不必要的高压，让父母二人都做出外出工作决定的唯一原因就是钱。而事实证明，这根本不算理由。

研究表明，大多数家庭的第二收入几乎完全被用于增加的税率（第二收入总是提升一个家庭的纳税等级）、托儿费，增加的医疗费、服装费、交通费以及食品费（双亲工作的家庭在餐馆里吃饭的频率远远高于单亲工作的家庭），唯一出现下降的就是电费。但是，与单亲工作的家庭相比，银行一般愿意借贷更多的钱给父母双方都工作的家庭。因此，双方工作的家庭不仅能获得较高的月结单，同时也会陷入更多的债务中。更多的债务意味着更大的压力、夫妻间更频繁的争吵、更少的亲密行为……通常情况下还有更少的交流以及孩子的不安全感等等。无论怎么样，不可否认

的是，父母在家维持家庭日常所需，对于建构和维护一个家庭来讲，是最重要的。白天，父母中的一方在家里尽到对这个家庭的义务，可以确保家庭环境尽可能没有压力，轻松愉快。只有在这种情况下，家庭这部机器才能更和谐地运转起来。

妈妈真正的角色！

最近的一次演讲之后，当我正准备离开时，感觉有人轻轻拍我的右肩。我转过头去，发现对面站着一个身材娇小的女人，大约年长我二十岁。

她对我说："谢谢你，约翰。现在我明白了。"

我有点不解："不好意思，女士。您明白什么了？"

她告诉我，她那位三十五岁、自称为"激进女性主义者"的女儿，一直在抚养那个非婚生育的四岁外孙。

她用略带伤感的声音跟我说："约翰，她还没有和孩子的父亲结婚。其实她说她永远不会结婚。她认为婚姻只不过是男人对女人的控制，或者是件很傻很可笑的事情。我不知道她这种想法是从哪来的。但我可以告诉你，绝对不是从我这来的。"

她接着说，她女儿供职的企业部门的大部分职员是男性，而她担任着该公司有史以来由女性掌管的最高管理职位。另外，她在公司肯定还有继续提升的机会。

"约翰，听完你刚才那九十分钟的演说，我明白了。现在，我明白我女儿忙完一整天之后，回到家里，还要受四岁孩子的摆布！"

的确，今天的女性是一个矛盾体。她们在政治上、专业上、经济上以及教育上步伐坚定，然而一旦成为母亲，就永远与孩子签订了不平等条约。孩子跟她们说话的时候，就好像她们比奴隶还低贱一样，对此母亲们也束手无策。孩子们向她们索要东西，家长们除了答应，别无选择。孩子一对家长大吼大叫，家长们就战战兢兢。甚至有很多美国孩子对母亲拳打脚踢，还向母亲吐口水……对于这种现象，母亲们手足无措，只能尽可能地与这些不服管教的小毛孩沟通，告诉他们父母的良苦用心。

当下有一种育儿标准认为，最忙、最体贴的母亲才是最好的母亲，母亲应该努力满足孩子所需要的一切，不论何时，只要孩子们感到不安，母亲都应该给予安慰。比如，每天晚上辅导写作业，并确保孩子的每一个脑细胞都能发挥适当的功用。

所有这些对母亲的要求，与五十年前的典型母亲都有差别。过去，很强势的女性会恫吓她的孩子，但孩子并不会威胁她，她不是孩子的仆人。恰恰相反，是她在教孩子如何自立。如果孩子与她顶嘴，她会有些难过，但如果他失去控制而对母亲大打出手，那么，这种行为绝对是第一次也是最后一次。

过去的妈妈们毫不限制孩子们的自主权。她们会直言不讳地说："我现在没时间，我先走了"，"如果你找不到事情做，我可以帮你找点事情做"，或者"不用管我，我正在忙"，以及"不，我不会为你做这件事，因为你可以自己做。"

现在的妈妈们觉得她们没有权利跟孩子说那些话。如果她们确实有过一时疏漏，说过："在我数到 5 之前你必须给我消失，整个下午我都不想再看见你。"那么，一出口可能就会感到愧疚。之后父母们会这样道歉："对不起，我不是那个意思。我只是今天心情很糟糕。"随即便又开始扮演仆人的角色了。

宝宝刚刚学会自己上厕所的时候(24 个月大),自然就会知道避开大街,过去的妈妈每天都尽量少帮孩子处理这些本来就应该会做的事情。在现在的母亲们听来,这大概非常可怕,但却是我们那一代的人有目共睹的。我可以负责人地告诉你们,这其实并不糟糕。实际上,在你的人生中有一位不东奔西跑的妈妈是件非常好的事,她能很好地指导你,而不是整天只想让你呆在家里。有些妈妈不但不干涉孩子(在充分指导的前提下),而且还希望孩子能不干涉她们。然而,不得不说的是,在我们这批出生在美国生育高峰期的人们(Boomers)的幼时记忆里,妈妈对我们的爱与对我们的惩罚一样强大有力。①

旧时的妈妈们培养下的孩子,很早就能自食其力:学会自己吃饭,学会自己做作业,学会锻炼身体,学会自己准备考试,学会独立自主,学会为自己的错误与过失承担责任。一个成功的妈妈,会培养出一个成功的孩子;一个成功的老师,会教育出一个胜利的集体。如果你问我,我会说这真是一种不错的联系。

与旧时的妈妈们相反,现在的妈妈们替孩子与各种压力抗争,替孩子承担责任和后果,帮他们掩盖谎言,让孩子衣来伸手饭来张口。我们不禁联想到 35 年前激进女性主义的妈妈们——极其讽刺且可悲的是,她们并没有教育自己的儿子尊重女性,没有教他们意识到女权的合法性并作出适当回应。相反,她们告诉自己的儿子,女人是为他们服务的。她们把儿子培养成了自己最厌恶的人!

其实这并不完全是她们的错,激进女性主义者只是屈从于文

①Boomers,生育高峰儿、生育高峰期,1945 至 1952 年间出生的人,尤指第二次世界大战后约 20 年生育高峰期间出生的美国人。

化压力与文化谎言。文化压力包含着邪恶的概念，即妈妈与孩子关系最密切，她们做的大多数事情都是为了孩子，似乎在孩子身上花的精力越多，这个妈妈就越称职。文化压力来自对妈妈的压制，防止母亲说她们的权力超过孩子。所以孩子们更倾向于第一印象，认为自己的权利在母亲之上。今天，这些压力阻挡了许多母亲成为孩子的促成者、帮助者、调停者。文化谎言同样适用于在外工作的母亲，因此她一整天的工作都不能算作对家庭的给予和帮助，而要从工作完回到家算起——她必须把精力集中在孩子身上，从她进门的那一刻，就围着孩子转，陪着孩子欢快地手舞足蹈，直到孩子同意去睡觉。因此，在今天的美国，母子关系基本已经被扭转了。为了说明这一点，我在全美国观众面前用一句平常的话做了一个实验：

我说："五十年前，美国的孩子害怕他们的母亲，今天……"

立刻，有位观众回应："……母亲害怕她的孩子。"这个实验我至少做了一百遍，每次都得到了相同的回答。在这个时候，插话的大多数是女性。坐在一旁的男性对答案也心知肚明，但他们并不会主动承认这一点，他们比妻子想象的更聪明。

这难道不是美国家庭教育可悲的写照吗？

"但是约翰，我不希望我的孩子怕我！"一位母亲反驳道。

我回应道："这就是为什么你在管教孩子方面遇到了问题。"

"你怎么知道我在管教孩子方面遇到了问题？"

我说："因为，你的孩子不害怕你。"

跟我的同代人一样，我小时候很害怕自己的母亲。别误会，我不会在母亲一进家门就吓得尿裤子，当她伸开双臂拥抱我的时候，我也不会退缩。母亲温柔亲切、平易近人、充满慈爱。毫无疑

问，她全身心地爱我，但我依然对她充满敬畏。唯一的解释是她好像有某种无形中的控制力。具体一点，也就是说，她会毫不犹豫地告诉我：你的事不能都由你说了算。但她看起来好像永远都知道她该做什么，并且对我将要做什么了如指掌。

“你该把这些玩具收拾起来了。”一旦她这样说，我就会马上捡起我的玩具。

“现在我们要走了。”只要她伸出手这样告诉我，我就会牵起她的手，和她一起离开。

“今天，我要教你怎么清洗地板。”我四岁那一年，有一天她这样对我说。就这样，我在妈妈的帮助下学会了如何擦地。

我说的敬畏有点像《圣经 · 箴言篇》里面提到的敬畏，敬畏上帝对孩子来说是件好事。这种敬畏，是很多美好事物的起因与开端，包括知识和智慧。但并不是说只要孩子敬畏他，上帝就会高兴。这种敬畏的好处是属于我们——主的孩子们的。我害怕母亲，这就是一种敬畏之心，母亲在我生命中代表着一种难以言喻的巨大力量，对我是大有裨益的。敬畏母亲是一种良好的品行，是学会尊重女性的开始。

可悲地是，今天屈从于文化压力和文化谎言的妈妈们剥夺了很多孩子的权利。如前所说，这并不完全是她们的错，但她们也是唯一能够解决这种社会文化问题的人群——在我看来，解决这个问题比取得博士学位和成为大公司的 CEO 都更加有意义。

爸爸真正的角色！

父亲对待孩子的方式与母亲对待孩子的方式肯定存在差异。

这些差异与生物学、心理学、文化期望值以及其他实际考虑有关。例如，在漫长的人类文化长河中，母亲一直是孩子幼儿期和学步期的主要看护者。这种安排以及女性比男性更体贴的事实，早就达成了共识，并自然而然地传承下来。

在孩子两岁之前，父亲最主要的职责就是“辅助养育”，即担任母亲的助手。他协助全职母亲一起照看孩子，并且在妻子需要休息时替代她，让她可以放松一会儿（在过去的十年间，尽管对于“父亲养育”的关注度日渐升温，但这一规则并没有动摇，并应该会一直持续下去）。

当然，在孩子幼儿期和早期学步期，母亲主要和孩子“纠缠”在一起。但是，在孩子两三岁时，母亲开始离开她的孩子，希望孩能独立，用自己的双脚站起来。在这个过程中，母亲将慢慢地从一位看护者转变成一位权威人士，从一个仆人转变为传授社会经验的老师。随着母亲长久照料孩子的工作接近尾声，并达到预期效果，婚姻又成了家庭结构中的关键所在。这时，父亲所扮演的角色对孩子在某些领域的成功起着关键作用。例如，研究表明，对于学龄前的儿童来讲，更多地得到父亲积极教育的孩子，会更外向活泼，适应力更强，更加勇于接受挑战。

几年前，在回应一期报纸专栏时，我曾写到父亲的重要性，并表示单身母亲教育孩子不如夫妇两人一起教育的效果好。这遭到了一位单身母亲的反驳。她写道：“实际上，在家里，并不需要一个父亲成为模范男人。”

从某些具体情况来说，这种说法或许成立，但在理论上是不成立的，因为每个家庭抚养子女的情况并不完全相同。美国价值观学会的会长，《没有父亲的美国》的作者戴维经过详细的调研，得出结论，认为在许多方面，由单身母亲培养的孩子不如由完整

的家庭培养的孩子做得好。当然，对于这个结论，会存在一些例外，但整体来说这个规律是成立的。换句话说，虽然除父亲之外的其他男性也可以成为很好的男性榜样，但父亲这一角色决对不是可有可无的。

然而，在孩子的生活中仅仅有父亲的存在也是远远不够的，而需要父亲与孩子融洽相处。我的意思是说，父亲应该是精神饱满地、积极地去培养自己的孩子，而不是把养育孩子看成是一件繁重的任务，他不该一边看电视一边命令孩子要安静。与父亲融洽相处的孩子会更自信、活泼、独立。另外，一般说来，与父亲融洽相处的孩子比那些父亲经常不在家的孩子更会应对社会，行为方面较少障碍，在学校里也往往表现得更优秀。

不幸的是，在 20 世纪 90 年代出生的小孩，有接近一半的人是在没有父亲的家庭环境里度过童年的。之所以会这样，是因为那些离了婚的父亲极少探望他们的孩子。1989 年，联合国教科文组织的儿童心理学家指出，有这种遭遇的孩子更容易出现各种各样的行为和教育问题。

最近，人们开始趋向于将那种传统的父亲形象恶魔化，把他们描述成通过恐吓来管教孩子的令人生畏的独裁主义者。这种妖魔化的行为无法还父亲以应有的尊敬，对父亲的尊严也有负面的影响。一般来说，这种对传统父亲形象的认知是一种偏见。《论美国的民主》作者托克维尔，曾把美国 19 世纪的父亲描述成严厉而宽恕，强壮而灵活的形象。他们会听取孩子的意见，和孩子们开玩笑，教育孩子以及让孩子学会服从。正如布兰肯霍恩所指出的，典型的美国父亲一直都是男性传统美德的优良模范。简而言之，他是孩子的好榜样，尤其是男孩子的好榜样。

随着孩子们慢慢成长为青少年，父亲在孩子的成长过程中发挥的作用更加重要。研究不断发现,其父性格活泼的孩子更不易产生滥交、吸毒、酗酒等问题。在社会经济条件允许的条件下,这些孩子更喜欢上学,更容易拥有幸福的婚姻,最后再成为一个优秀的父亲或母亲。

现在,我们不可能抛开性关系而只谈论青少年本身。确实,十几岁的青少年竟被贴上了危险人物和滥交的标签。而父亲会很好地帮孩子解决这方面的问题。例如,那些小女孩开始留心男性并想验证自己的女性魅力时,父亲的关心和喜爱会大大满足女儿对男性赞许的需要,从而降低了她把这种不确定付诸于性试验的可能性。

同样,进入青春期的男孩,如果没有父亲作为榜样,就会"自食其力"来填补这一空白,把自己心中对男人的定义付诸行动——这幻想一般就是表现在性占领或性侵犯上的所谓"男子气概"。而一个好父亲能帮助儿子树立对"男子气概"的正确认识,这可以纠正只有性与体质才是男人价值体现的错误概念。

如果你现在已身为人父,那么下面这些方法可以让你对孩子的一生产生更积极的影响:

1. 找出至少一项你和孩子都喜欢的活动,比如徒步旅行、骑单车、打网球、收集硬币,或者仅仅是散步。然后创造机会经常一起去做这件事。

2. 帮你的孩子发展兴趣爱好,如果你的孩子对某一业余活动特别感兴趣,一定要支持他。

3. 随着孩子成长,你要少一点严厉,多一点指导。在孩子十几岁的时候,尤其要注意,这是你们两人的关系从家长－孩子向成人－成人转变的最重要阶段。要接受自己的孩子变成成年人、

孩子又有了自己的孩子这一系列转变。就应该在孩子的青年期，对于父亲与孩子这一关系，给他做出成功的示范，以保证他们抱着积极的态度步入社会和自己的小家。

4. 交流！经常提醒你的孩子，你是他坚强的后盾，鼓励他来和你谈论个人、社会问题，并且抽时间和孩子一起畅想他的未来。通过这些方式，你能帮助你的孩子培养一套完善的、积极的价值观。

5. 全身心地爱你的妻子。不仅要让你的孩子懂得衡量一个好父亲的标准，也要让他明白怎样成为一个好丈夫。

6. 放在最后绝不意味着最不重要——记住对你的孩子说“我爱你”，永远不晚。

孩子不应与父母睡在一张床上

一位母亲问：“约翰，人类延续了上千年的事情为什么突然就变得对人不利了呢？”

她提到孩子与父母睡在一起这件事。威廉姆·希尔森博士以及“亲密育儿法”(attachment parenting)的其他拥护者大为称许“家庭床”(family bed)，这种父母与孩子一起睡觉的理论迅速成为优秀育儿准则之一。好像只要你同意孩子跟你一起睡，就意味着你比坚持分开睡的父母更爱孩子。

我回应说：“首先，在野蛮时代发生的很多事情都很难说是对的。例如同类相食，或者用少女祭祀火山神。其次，对于一个现代家庭来说，一起睡是出于保护的目的，孩子在晚上一般会怕黑。第三，一旦父母可以买得起两居室，孩子自然就会独居一室。”

她问:“那到底出了什么问题?”

我回答到:“界限,或者说是界限的缺失。”

我想起一位心理学家同事,他给我讲述他见过的一个家庭所发生的情况:家庭中唯一的七岁女儿出现了问题。小女孩二年级的老师埋怨她不遵守纪律,不完成作业,但惩罚她的时候她却矢口否认。为此父母想尽了各种办法。因为在学校行为不当,这个小女孩丧失了很多权利,父母把她关在房间里作为惩罚,还打她屁股。当然,如果她在学校举止合理,父母也会给她各种奖励,但无论如何都改善不了这个女孩的状况。而真正的原因在于——实际上,这个孩子是从惩罚中获得乐趣的,给予其奖励只会让事情变得更糟。

小女孩的父母声称与孩子之间不存在问题,我的朋友就感到很不解。在一次家长会上,孩子的父亲终于告诉大家自己走入了死胡同。问题的症结在哪、如何去解决这一问题,他对此毫无头绪。此时,这位父亲无意间吐露出这样一个事实:每天晚上,孩子不睡在自己的床上,她和妈妈一起睡,爸爸在别的房间自己睡另一张床,因此他可以有时间做别的事情。结果表明,孩子的“顺从”是父母从未对其有所要求的结果,家长——大多数是妈妈,对孩子尽心尽力、照顾周到。而家长没有要求就等于孩子没有压力。只有学校是唯一对孩子有所要求的地方,慢慢地,孩子会感觉到没有人能主宰他们。

让我们重新回到界限问题上。界限对于竖立威信、表现权威至关重要。一旦领导和那些漠视他(她)权威的人友好相处,就会破坏本来的威信。领导者与被领导者的界限使得后者必须要“仰望”前者。而如果这种界限不存在,尊重也便不存在。

跟“家庭床”一样,小女孩开始成为婚姻中的一员。结果就使

她不会对父母产生真正的尊重，父母不过是为了她而努力工作的人。因为孩子对其他权威人物的尊重开始于对其父母的尊重，所以这个孩子也不会尊重老师。然而与对待父母不同，如果老师对她提要求，小孩会断然拒绝。因此尽管她让父母感觉“没问题”，但她在班级里绝对是个大问题——她是需要诊治的患者。果然，老师已经建议她父母与我的朋友谈谈，是否应该对孩子进行“对立性反抗症”(Oppositional Defiant Disorder)治疗。

今天的父母似乎觉得只要惩罚方法运用得当，就能解决孩子的任何行为问题。而如果这些惩罚不起作用，那他们的孩子就一定是存在这样那样的“不端行为”。事实上，有效的惩罚必须依据特定的语境，即家长与孩子之间的界限。当孩子与父母睡在一起时，这种语境就缺失了。

谈及婚姻(或者是单亲父母)与孩子的界限时，我是一个很严格的人。孩子两岁之前，这种“界限”是不存在的，相应的，这种障碍肯定会在孩子两三岁之间慢慢彰显。从这时候开始，孩子就不应该被允许睡在爸爸或妈妈的卧室里。他第一次被拒之门外，可能会不断地敲门、吵着要进去……一个三岁的孩子已经具备了留存这段记忆的能力。这种界限并不会削弱家长与孩子之间的感情；恰恰相反，它更能营造饶有意义的亲情时刻。在这种情况下，我不介意孩子们偶尔在早晨走进父母的房间，在大家起床前的三十分钟里，享受一家人的“依偎时刻”。当然，如果家里正有一个需要人照顾的生病的小朋友，父母还是应该和孩子睡在一起，或者至少留下父母中的一位与孩子在一起。

问答

问题：我丈夫和我有一个五岁的女儿和一个两岁的儿子。我们的儿子目前正处于非常黏人的阶段。三个月前，他患有严重的分离焦虑，这影响到了他的睡眠。从那时起，他就变得非常依赖我。他只允许妈妈为他打理一切，相反，哪怕爸爸想帮他做任何一点小事，他都会发出尖叫甚至进行反抗。但在白天，他与他的保姆相处得非常好。两个星期后，我不得不去照顾生意，离开几天。那么从现在开始，我应该做哪些准备，使儿子更容易接受我不在他身边这一现实呢？我也查询到了很多巧妙的方法，但不知道这些对我儿子会不会起作用。

回答：我的建议可能听起来很怪，但我认为你应直接离开。长时间的道别以及试图解释你将去哪里和去多长时间，这不但起不了任何作用，反倒会导致肥皂剧的上演，使得您和您的儿子进入到很难分离的阶段。他只知道你很焦虑，你马上要离开，而且他不会和你在一起……其必然后果就是：哇哇哇哇……大哭不止！

几个月前，我们的儿媳妇要参加一场婚礼，想把两岁的孙子托马斯托付给我们照顾几天。威丽的奶奶告诉我，托马斯非常“黏人”，总是“跟在妈妈屁股后面”，并且肯定会在机场与南希（儿媳）难舍难分。我了解南希，但是我在37年的婚姻中得到了宝贵经验，因此我当时什么也没说。

南希和托马斯刚下飞机，我就看见他们了。我们一起朝汽车走去，奶奶在那里等着我们，我告诉南希一定要动作迅速，她点头答应。在汽车上，她把托马斯按在座位上，亲了他一下，立刻关上

车门。于是，我们趁机快速开车离开了。大约过了五分钟，托马斯才意识到妈妈不在车上，此时，他的五官开始纠成一团并开始抽鼻子。奶奶和我则跟他谈论我们将要一起度过的美好时光，于是他破涕为笑。两天后，南希一到家就把这个开心幸福的儿子接回去了。

顺便说一下，你和你的丈夫不能让一个蹒跚学步的小孩去决定要哪个家长为他做事情。一个重二十磅、只有两岁的孩子阻止爸爸为他做事情，他能有什么招数？尖叫？那又怎样？他抗争？那又怎样？他的行为跟患有幼儿恐慌症一样？那又怎样？爸爸大可以一如既往地做他该做的事，他不必在意孩子的尖叫和恐慌，你也不必太在意。

“爸爸会改变你的看法。哦，没关系。如果你想，你就可以尖叫，一切都没关系。这很好。爸爸爱你，是的，我也爱你。”

如果你现在没有控制住这种关系，你和你的丈夫最终将付出沉重的代价。不是明天，而是现在，就在今天。

问题：救命啊！我正一筹莫展。我是两个儿子的母亲：一个儿子六个月，一个两岁零八个月。出现问题的是年纪稍长的这个孩子。这个本来非常有礼貌、随和、可爱的孩子总是在我早上出门时制造麻烦。去年他就开始这样了。每天我让他下车的时候他都在哭，但十分钟内会停住。当监督老师让他下车时，他就又开始哭，坐在地板上打滚儿。今天早上，当老师想去解开安全带让他下车的时候，他竟然向老师咆哮。现在我得到一个消息，他在学校里也变得目中无人、没有礼貌。昨天，老师训斥他时，他竟然向老师扔东西！老师认为他没有安全感，因为家里有了第二个孩子，但是他在家里并没有出现在学校的那种行为啊！老师还想到为他制定一套特别的奖励制度，可我觉得这个主意不好。你有什么建议吗?

回答:首先,我倾向于同意这一行为与他弟弟的出生无关。这个问题显然发生在他弟弟出生之前,但目前,该问题已经完全升级。第二,我也觉得特殊的奖励制度这个主意不好。当一个孩子表现不好的时候,惩罚就是解决问题的最好方法。不幸的是,幼儿园不允许惩罚孩子。我确信这就是为什么幼儿园里的孩子比在家被照顾的孩子更具侵略性、更不听话的原因。

说了这么多,事实上,上幼儿园的确会改变一个孩子的行为模式。作为一个两岁的孩子,如果因为参加一个团体而导致行为失控,甚至陷入一种焦虑状态,我的建议就是把他带走。否则,你将得不偿失,而且这是一场你可能无法取胜的战争。几个星期之后,找另一个儿童活动中心或是合作游戏小组。改变地点可能会改变一切。

问题:如何让孩子不跟自己在同一张床上睡觉?半年前,我的丈夫出差了,我和七岁的儿子一起睡了几个晚上。然后,我丈夫回到家,儿子还是央求着要与我们俩一起睡几个晚上。我们认为他这种要求相当不懂事,但是只要我们让他回去睡在自己的床上,他就开始哭。我们只好妥协,让他回去睡,条件是答应他可以一直开着电视直到他入睡,可这反而使得他一连好几个小时都很清醒,以至于早上起床很困难。但是,如果我们将电视关上,他马上就会变得非常不安,吵着要跟我们一起睡觉。我们不知道如何解决这个问题。请您告诉我,应该怎么办?

回答:这个问题的关键不在于你儿子想跟你睡在大床上,还是想看电视看到凌晨,而是你和你丈夫不能当机立断,导致了他的不安。是的,你先犯了一个错误——准许他来你的床上睡觉;接着你又犯了一个错误——准许他在睡觉时间看电视。事实上,你在

他的房间放一台电视机已经是一个错误，因为他已经会得寸进尺了。这七年中的大部分时间你都与他住在一起，而你犯的最大错误就是放弃你的决定，这使得孩子很不安。实际上，你从来没有强迫他放弃做一个孩子，没有强迫他开始接受现实的法则：人们想要的东西与人们真正需要的东西往往未必一致。或者，如滚石的米克·贾格尔所说的那样："你不能永远得到你所想要的，但是如果你去尝试，有时你就会发现，你会得到你所需要的。"

当你拒绝他的要求，说舒适的大床并不像他想的那么重要的时候，他就会大哭。一个孩子不知道他的最大利益是什么。这方面的证据是，当父母作出正确的决定（例如"不，你不能有BB枪"）时，孩子通常会变得焦虑不安；而当父母作出错误决定（例如"好的，我给你买一支BB枪"）时，孩子往往欢欣雀跃。问题是，和许多父母一样，你认为孩子的哭是一种心理反应，必须对此加以修复，不管导致他哭的原因是什么。这是一个我称之为"心理思想"的例子，其必然的后果是父母的决策力和权力的瘫痪。

婚姻由两个人组成，而不是三个，一个孩子不应该有与之相反的想法。出于这个很简单的原因，你的儿子必须要睡在自己的床上，不管他是不是愿意；在他就寝的时段，他应该睡觉而不是看电视，同样不管他是不是愿意。你所遇到的问题的解决方法是：你们两个要下定决心，并毫不含糊地告诉儿子他什么时候应该上床睡觉，什么时候应该去他自己的床上睡觉，而不是看电视。这将作为一种原则来执行，无论他怎么哭都无济于事。

这就是"现实疗法"的例子，针对行为问题的治疗，没有什么比现实的"健康药剂"更迅速有效了。

问题：当丈夫和我因为正在创造一个以孩子为中心的家庭而深

感愧疚时，我们便开始严厉管教被宠坏了的五岁孩子，并开始注重以婚姻为中心。三个月后，一切进展顺利，只是存在一个问题：我们的大儿子喜欢与他十个月大的弟弟玩耍，但是，最近这个婴儿哭的次数比往常多三倍。当我抱起婴儿检查时，他的哥哥一脸愧疚。到目前为止，我发现这个婴儿的一只眼睛上有抓痕，脸上还有被球击中的红色印记。最近一次，大儿子过于粗暴，几乎使小宝宝呕吐。然而，当我们因此把大儿子关进他自己的房间时，他的表现，让我们觉得这种惩罚方式比对弟弟造成的伤害更令他不安。他缺乏自我反省，我们深受其苦，只能在一段时间里禁止哥哥与弟弟玩耍。难道是我们对孩子的期望值太高了？

回答：当一个五岁男孩和一个十个月大的男孩每天在一起互动玩耍时，小一点的那个孩子必然会受欺负，这是家里有两个男孩的必然结果。如果你不想把自己逼疯，就不要以为一定能避免发生这种情况。在接下来的三四年里，直到两个孩子的身体差距趋向于可以忽略不计，这种情况才会缓解。事实上，在玩耍过程中，年纪小的孩子一定会比年龄大的孩子吃更多的亏，但这不一定是坏事。此外，大儿子喜欢跟十个月大的弟弟一起玩，这其实是一个好现象，这是增进感情的一个早期迹象。谢天谢地，所有的迹象都不能说明你大儿子的成长有什么不好的表现，因为如果他确实向你想的那样被宠坏了话，可能就会出现别的情况了。

我想你可能整晚都在考虑：五年里，是什么在使我的家庭以孩子为中心？你的不耐烦导致你对某些事情反应过度，这其实很正常。你误解了大儿子因为伤害弟弟而被惩罚时的表现，你认为他缺乏自省，但我认为他有理由因为受到惩罚而感到不安，因为他并不是故意的。

例如，其实我本来已经试图限制车速，但没有看到“前方减

速”的标志，最后，我因超速而收到了罚单，那我可能不会因此后悔。但我会因为罚单而心存不甘，毕竟超速不是我本意。相反，如果我是为了想要节省旅行的时间而故意超速，我就一定会向警官致歉并追悔莫及。我有一个强烈的感觉，你的大儿子正是因为无意间超越了他弟弟的“限速”而被无情地“开了罚单”。在这种情况下，我完全相信他的不安超过了他的懊悔，他正在因为他的笨拙而接受惩罚。

在这类事情发生之前，你应该帮助大儿子去了解婴儿所能接受的被欺负的限度。例如：“我知道你想教弟弟玩传球，但你不能通过向他扔东西来教他。”这时候，帮助他学习一些不会给婴儿带来危险的玩球方法，比如“滚球而不是扔球”。你还要赞扬他试图做一个好哥哥的努力，尽管他有时候的确显得笨笨的。纠正家庭以孩子为中心这一问题时，我建议你放慢速度。很明显，你的家庭并不像你想的那样存在很严重的问题，没有什么比让一个已经备受关注的孩子喜欢一个家庭新成员更令人欣喜了。

问题：我丈夫和我有一个四岁的男孩和一个八岁的女孩。当他们没得到自己想要的东西时，就会哭闹，似乎认为“得不到”并不等于“不应该得到”。此外，当他们被要求去做一些事情时，兄妹间总会有很多口角产生。工作原因，丈夫和我需要共同抚养子女，可是一涉及到孩子要参加校外补习班，不得不督促他们做功课这些问题时，我就感觉到我们所能做的只有尖叫和大喊。养育孩子真是一项艰巨的任务，你能给我们一些有效的建议吗？

回答：你所描述的这些就是我所说的“疯狂家族综合征”，十分清楚的是，你和你丈夫将大部分时间花在了一个又一个需要履行的义务上，结果家庭就有名无实了。我敢打赌，你很少坐下来从容淡定地与家人共进晚餐，上一次你们进行家庭野餐或者在动物园里悠闲地散步肯定已经是很久以前的事了，以至于你都记不清到底有多久。而且，每天晚上孩子们上床睡觉了，你和你丈夫都会感到筋疲力尽。

是的，我当然有一些有用的建议。首先，我相信，只要你和你丈夫中的一个辞去工作，你们家的压力会整体减轻。研究显示，大多数的第二收入起不了多大作用，反倒会增加家庭支出，产生享受更高生活标准的错觉的同时，提高了家庭的纳税等级。最终的结果是家庭的债务负担明显增加，“必要的”第二收入也就不再那么必要了。如果你不知道如何处理你累积的负债，我建议你咨询一下财务顾问。最后的分析结果，可能会要求你不得不在每况愈下的经济压力和日益繁杂的家事中作出选择。如果你一味只是试图维持现状，这种情况只会继续恶化。

第二，我建议把孩子从占用他过多时间的校外补习班中解放出来，或者至少不要在一门课学完后马上继续学另一门。将来，应该在每个季度（夏季除外，它只能为家庭活动预留）对每个孩子的校外补习班进行限制，这样，就没有什么能妨碍到你们每天晚上一起坐下来，享受轻松愉悦的家庭晚餐。

我非常肯定的是，当你的家庭达到了内部的平衡，你和孩子间的纪律问题自然就会开始自我“修正”。不管怎样，只有恢复了家庭的平衡，你才能更有效地管教孩子。

问题：我有两个小孩，都是男孩，一个二十个月大，另一个三十二个月大。不包括睡觉前三十分钟的阅读和相互依偎时间，我每天应该花多长时间和他们一起玩呢？此外，是不是他们想怎么玩都可以？他们总是绕着房子追逐，大吵大闹，有时骑着他们的玩具，但是他们很少玩像积木那样的开发智力的游戏。有没有什么方法能激发他们对这些东西的兴趣？

回答：关于你花多长时间陪伴孩子的问题，记住，父母最应该跟孩子一起做的是为他们阅读，这你已经做了。家长需要每天花一定的时间坐到地上和孩子一起玩耍，这个观念是很现代的；也就是说，并没有实质性的内容。事实上，如果你想坐在地板上跟你的一个孩子做个积木城堡，那就去做。但是，如果你不喜欢这样，那么就不要这样做。这样，你的孩子就不会认为你只是他们的一个玩伴，应该随时挽救他们的无聊。不要试图对孩子的游戏加以限定，当你和他们一起玩时，不要充当一个游戏中的指挥者的角色，只是玩，开开心心地。当你觉得火候已经差不多的时候，就离开，做你自己的事情。从长远看来，让他们自己学习玩耍是最好的选择。如果你需要每天参与几次他们的活动，那么，大可以每天花三十分钟，把书的每一章节给他们读两到三遍。除了能开发他们的想象力，阅读也能使他们冷静一会儿——我想这对你也是有益的。

在这个年龄段的孩子，游戏的确不是很有组织性，也不需要有人煞费苦心地对他们的游戏加以组织，或将它变为一种具体的"学习经历"。孩子玩游戏是自发的，积极的（大部分）游戏通常没有明确的用意。总之，你的孩子在做的奔跑、追逐、跳跃都是很孩子化的行为，这种喧闹的方式会让他们学到很多东西。另一个会给你生活带来平静的方式是每天给孩子定下一个时间段，在这期间，孩子必须与你们分开，独自安静地玩耍比如十五分钟左右，用计时器来规定平静期的时长。如果他们能够坚持十五分钟，就再延长到二十分钟，等等。在你这样的坚持下，到你长子三岁的时候，你每天就可能有一个小时的清闲了。

至于他们的玩具，我建议你拿走他们不玩的玩具。正如我在别的地方说过的，今天大多数放在架子上的玩具会一直放在架子上，它们是无用的。吸引孩子注意的只是它们的包装和鲜艳的色彩，但是，一旦这种玩具到了孩子们手上，它可能只有不到十五分钟的“游戏人生”。这些他们不玩的玩具应该悄悄地消失，一次消失一个或两个，用盒子、坛坛罐罐、木汤匙等将它们取而代之，然后捐给慈善机构。

一旦你发现你的孩子的玩具有五到十个，就应该启动一个玩具图书馆。将玩具放在壁橱里，一次只允许孩子玩一个或两个。每次拿下来的玩一个小时，放回去，才能再拿另一个。这将慢慢地帮助他们更集中精力和有组织性地玩游戏，还能大大减轻家里玩具摆放的混乱程度。

问题：丈夫和我将有一个为期四天的旅行，我们计划将十八个月大的女儿留给长辈看管。奶奶有工作，但她打算在我们离开的每个白天与我们的女儿在一起。我们已经安排了一个熟悉的保姆，但奶奶不同意这样做。她还表示，如果我们回来的时候，女儿看待我们就像陌生人一样，我们也不必感到惊讶。这让我对是否出行感到疑惑。请问你对此怎么看？

回答：我认为你和你丈夫一起外出旅行是正确的。我们的儿子和儿媳将他们第一个孩子威丽留给我看管了四天，那时他才六个星期大。我们一直鼓励他们这么做，他们应该首先考虑的是他们的婚姻，而不是他们的孩子——况且，以婚姻为中心最符合孩子的利益。

我还认为，请保姆代为看管孩子也是正确的做法。你的女儿会和熟悉的人相处得很好。实际上，当早上奶奶将孩子送出去的时候，孩子可能会哭；但是，在奶奶消失在大门口的几分钟之内，99.9%的可能性是她就不再哭了。在这样的情况下，父母和祖父母都应该意识到，孩子的哭声并不代表离别这件事有多艰难，只

是家长们把离别想得太艰难了。如果离别发生得很迅速，那么孩子也将恢复得很快。

我也同意奶奶的做法。如果她想白天不去上班，留在家里陪着他的孙女，那也只好如此。她在做自己想做的事，你不应该插手。毕竟，整天工作也会使奶奶感到焦虑。她不会放心你女儿单独与一个保姆呆在家里。那么，为什么不用两个平静、安全的人，来代替一个不安的人呢？况且，奶奶留在家里还可以节约一些开支。

我大致同意奶奶的做法，但我不同意她所预测的当你回到家，你的女儿会像陌生人一样看你。拜托，奶奶，你应该预测得更准一些！想想吧，一个四个月大的小狗在与主人分开一个星期之后，还是能马上认出主人，并立刻恢复到之前与主人相处的状态中。所以我完全有把握断定，一个十八个月的聪明的孩子会在四天的离别后立刻认出自己的父母。在六个星期大的时候，我们的孙子杰克见到离开他一周的父母，表现得很正常。当然，杰克非常聪明，但我同样有把握断定，你十八个月的女儿的智力绝不会输给六星期大的杰克。

不，你回来的时候不会看到一个凝视天空、反应迟钝、拒绝进食、一声不吭的孩子。她会认得你，并且以一个十八个月大的孩子该有的热情来迎接你。在她二十五岁的时候，她也不会因为忘了这件事而非得进行恢复记忆的治疗。

但是，要注意的是，你一定要迎合奶奶，不要因为这个与她争论，因为你根本无法改变她的看法。你所需要做的，仅仅是离开。祝你们玩得开心！

问题：我四岁的女儿不能入睡，除非我和她一起躺下。她很少一整晚在她自己的床上睡觉，我为了改变这种情况做过很多努力，但最终都失败了。如果她在半夜醒来发现我不在她身边，她的情绪就会变得很狂暴。一直到现在，她也会悄悄溜到我的床上。如果我试图说服她回到她自己的床上睡觉，她就开始哭。老实说，作为一个白天还要工作的单亲母亲，我根本没有力量与之斗争。她知道我想让她做什么，但她也知道我没有强制她。你能提供一个可行的办法，让她和我都不会感到痛苦吗？

回答：没有一种不痛苦的方法能让你的女儿变成一个独立睡觉的孩子。在我告诉你应该怎么做之前，我先要说一句，你的故事证明，一个能够独立睡觉的孩子会更快乐。让我们面对现实吧，你所描述的绝不是一个快乐的孩子；相反，你四岁的女儿并不健康，临睡前的她甚至有一点神经质。

我对这个问题的经验可以追溯到20世纪70年代中期，从那时起，陪孩子睡觉，或者让孩子到夫妻大床上来睡，已经成为母亲对孩子的许诺，是孩子所能享受的最佳利益。

首先，我可以向你保证，现在解决这个问题比推迟到下周或明年再解决要容易得多。我建议你最晚在这星期五晚上，就将你女儿的就寝时间恢复得和原来一样。如果可能的话，星期四和星期五不去上班，那么星期三晚上就可以采取这个措施。这样，你在必须回去工作之前就有四个晚上的时间可以进行“治疗”。这四个晚上都应该这样要求孩子。第二，在这个问题的解决过程中，不存在什么方法能不打扰你女儿的情绪。只需要记住，她的尖叫声证明她在好转，好转的过程是痛苦的，但对她并无害处。第三，如果将这一恢复计划分步实施，她会更痛苦，所以必须一次就把问题彻底解决。

以下是具体的解决方案：在实行计划的两天前，告诉你的女儿，你与她的医生谈过，医生说你不能在就寝时间跟孩子躺在一

起，女儿也不能在凌晨时分到你的床上来。对此你表示遗憾——记得耸耸你的肩。你必须严格执行医生的话，医生就是上司。而且，你必须当机立断，在她上床后马上离开(绝不要停留)，她可以打开她房间里的每一盏灯，慢慢睡着。如果她要求的话，你也可以给她一个睡袋，或搭起一个帐篷让她睡在里面。一个人睡觉或许是一种冒险，但她必须睡在她的房间——医生这么说，那就这么办。

此外，医生还说，你上床睡觉的时候，必须锁门。她可以将她的睡袋拖到你房间门外面的大厅，在那里睡觉，但是直到早上你才会打开房门。

再强调一遍，关键是不要动摇。你的女儿可能会尖叫、哭泣、乞求，并信誓旦旦地说，如果你允许让她和你只多睡一晚上，她以后就再也不会要求跟你一起睡觉了。你不要相信她的承诺，千万不要。

记住这一点：过渡期很快就会结束，每天早上醒来，你将会看到一个更快乐的小女孩。

家庭教育的基本法则之二

与管教有关的是交流，而非结果；是领导关系，而非亲属关系

是，就说是，不是，就说不是。若再多说，就是出于邪恶。

——《马太福音》5:37

一个非常任性的四岁男孩的父母，请我帮助制订一份有效的惩罚计划。我问他们希望这份计划能达到什么目的，他们先是满脸疑惑，之后那位父亲回答说："哦，我们想用这种方法纠正他的不良习惯，并且让他养成好习惯。"

家庭教育中，没有什么比惩罚更被父母们误解了，而其中最严重的误解正是对于惩罚意义的界定。像我刚才提到的那对父母，就是误解"惩罚"二字的典型例子。这一类型的父母们大多已经阅读了大量后现代心理学专家们的文章和书籍，他们错误地认为，有效的惩罚是家庭教育中唯一正确的方法，而且必须妥善、谨慎地加以运用。换句话说，典型的当代父母认为：惩罚是一门技术——掌握这门技术，跟安排活动中的暂停休息时间、掠夺特权、掌握解读占星图的方法等等是一样的。

但这绝不是惩罚的全部意义。惩罚并不只是一系列技术或者方法，它的关键在于必须得到合理的运用。这不是该什么时候、以何种方法打屁股，或者如何安排活动中的暂停时间之类的问题。有效的管教是由管教的观点和态度组成——是从某一正确、笃定的观点出发，自然发出的一种从容、自信的声音，一种威严的神态；而最重要的，还必须要有清晰的表达。

有效的惩罚不是规则而是管理。在让一个孩子转化成一位信徒的过程中，要让他听从你的指挥。对孩子来说，有效的管教会让他学会关爱自己的父母和其他长辈。他会听父母的话，因为他明白父母之所以管教他，是基于对他的爱；同样，他顺从父母是因为他关爱和敬重父母——也就是说，他赞同父母对自己的管教。当然，他偶尔也可能会质疑父母的一些决定，那是因为他有质疑的能力。但他不会盲目反抗父母，尽管他也同时具备反抗的能力。

父母并无意于故意约束孩子，因为父母很明白自己不应该这样做。在五十年前，如果一位几个孩子的母亲说出“每个孩子都有自己独立的思想”，我们知道她是发自肺腑的。因此，父母所以会约束孩子，只是因为他们与孩子之间本来就存在着约束和被约束的关系。比如说，父母知道孩子可能会混淆自己想要的跟自己真正需要的东西，他无法做出正确的取舍。因此，即使孩子可能会一再强调他需要很多东西，但其实只有一小部分是他真正需要的。所以，父母应该做出这样的决断：

1. 由父母来决定自己该为孩子做哪些事情，不该做哪些事情。例如在作业的辅导上，他们要给予孩子多少帮助，以及通过何种方式帮助。

2. 在物质层面上，必须由父母来决定给予孩子多少钱。换句话说，必须由父母来决定孩子的生活质量，而不是无条件地满足孩子的物质欲望。

3. 在家庭生活中，孩子要听话父母的话——例如，孩子应该什么时候上床睡觉，晚饭吃什么，他要做哪些家务等。

4. 由父母来确定孩子享有自由和权利的范围。

5. 当孩子年纪尚小或者所犯的错误不严重时，父母能对孩子

施以有效的惩罚。但是随着孩子年龄的增长，他活动的空间会更大，犯错误所带来的后果也相应地更严重。所以，父母必须在孩子幼年时就对他建立行之有效的管教方式。

父母必须在孩子幼年起就培养他的自我控制能力，如果在三岁的时候能够打下很好的基础，就千万别拖到十二岁——越早越好。父母可以通过一些自我控制的优秀范例来帮助孩子控制自己的不良行为。这样，当以后在社会上遇见一些需要自我调节和控制的事务时，已经长大成人的孩子才能很好地处理。

另外，父母还要帮助孩子学习如何去做正确的决定——包括权衡每道生活选择题中的各个选项，抵制及时行乐的荒谬念头，而不是事事都只想着走捷径。父母要让孩子明白，他的每一个决定都会导致一个后果，所以要谨慎而睿智；告诉孩子，父母会帮助他养成良好的行为习惯，而且他一定能够做到。

然而有些父母却试图去控制他们根本无法控制的事情——他们自认为能够完全控制孩子的行为。这些父母是在试图完成不可能完成的任务，因为他们根本就是在白费力气，除此之外，他们还必须忍受痛苦的精神折磨。这种父母对孩子的窥视和操纵完全没有意义！谁会是那个唯一有能力控制孩子行为的人？毫无疑问，就是孩子自己。

而另外一些父母则显得太无力了——他们甚至无法控制自己与孩子的关系。这样一来，他们就陷入长期的困扰之中。父母想不通，为什么自己的好意、无私和对孩子做的那么多牺牲却都换不来孩子的一句感激。父母都希望孩子能爱他们，却只能眼睁睁看着孩子慢慢变成一个毫不考虑他人感受的自大狂。

父母只应该控制他们能够控制的事情。这种控制的原则是——恰如其分。在孩子两岁前，很多事是无法控制的。因为这个年纪的孩子完全依附于父母。所以家长应该在孩子两岁之时使这一控制发生作用。只要做到这一点,孩子就会更加亲近父母。等孩子逐渐长大,父母可能需要花更多的经历在孩子的管教上,这个时候是控制最有可能发挥作用的时候。父母想让自己的控制在正常的范围内得到最有效的发挥,就应该在家庭中建立有效的约束。这样才能控制慢慢长大的孩子。

因此,当家长有可能控制孩子的时候,就应该最大程度地对孩子的错误行为加以约束,即需要先建立有效的管教。某些孩子之所以挫败感强烈、满怀怨恨、烦躁暴怒,是因为他们的父母并没有给很好的家庭管教。相反,那些能恰如其分地管教孩子的父母,则能够与孩子保持轻松愉快的关系,他们的孩子态度自然、有教养、自我控制力强,同时也很有责任感——而最重要的,是这些孩子过得很开心、很幸福。

另外一种对惩罚的恰当描述,是“爱的领导”(loving leadership)。不幸的是,半个世纪以来,父母对孩子的“爱”已经被纵容、偏袒孩子所取代了。那种强大的、真正的爱已被盲目的情感所蒙蔽,即使用书面语言表达也显得那么僵硬;更何况,被扭曲的溺爱已经侵占了父母与孩子之间情感的大部分领域。有效的管教方法不可避免地要与孩子一些需求相左,沉浸在对孩子的溺爱中的父母可能会对自己的强硬感到羞愧,为了减轻羞愧之情,他们只好去纵容孩子的其他过分要求。于是,过去由爱领导的家庭教育中的“领导力”,已经被扭曲的亲子关系所取代,在这种情况下,强大的惩罚机制也很难得到实施了,它总是引起父母们的迟疑,最终甚至变成了宽恕。

真正的爱是强有力的;真正的爱会说“不”。面对孩子过分的要求时,今天的父母需要学会立场坚定。

一切尽在“命令”中

我经常在讲座中这样提问：“管教涉及三个以 C 开头的词：交流(communication)，结果(consequences)，以及坚持(consistency)。这三者之中，你们觉得哪个最重要？”

“坚持！”台下的父母们往往这样异口同声地回答。

这一问题的答案，反映了今天的父母的一种认知——他们认为惩罚一个孩子跟训练一只老鼠一样。这是一种普遍的误解，这也是心理学家们极力灌输的观念。每一个心理学系的学生都知道如何训练老鼠练习杂耍——当老鼠做对的时候给予奖励，做错的时候则对其施以惩罚。心理学教授总是让学生们错误地认为，这是技巧运用的结果，他们称之为“行为矫正”(behavior modification)。然而，如果父母认为人类和老鼠一样，可以用简单的奖励和惩罚手段来管教的话，那的确太愚蠢了。

首先，人类拥有自由的意志，而鼠类没有。人类可以选择是否承担惩罚的后果，鼠类却做不到。其次，与其说管教的是一个人的行为，还不如说是管教他的品行。鼠类却没有品行特点，只有畜类行为。父母的管教影响着孩子的性格，假如父母对一个孩子的不良品行进行了适当的管教，那么正确的行为习惯也必然会接踵而来。

其实这三个以 C 开头的词中最重要的并不是坚持。管教是一种领导力，管教是把孩子改造成一位信徒的过程。一位优秀领导者最重要的标志是什么？是当有员工闯祸时，他能马上确定怎么处罚这名员工吗？不，他最重要的贡献不是选择采用某种惩罚手段，而是交流。

是的！交流才是一位有效的领导者最重要的特质。无论这位领导的工作背景是公司还是慈善机构、军队或者教堂，他都要有能力以某种方式影响他人，使他们以正确的方式思考问题，做该做的事情。

今天的父母经常抱怨孩子不听话。这根本不是事实。除了少数例外，大多数孩子还是听话的，听话的孩子和令父母头疼的孩子之间的差异很明显。当下很多父母不是明确告诉孩子他们应该做什么，而是想靠问一句“好吗”，就让孩子乖乖听话——这种做法真是愚蠢透顶。此外，一旦需要询问孩子的意见，父母就会不自觉地开始央求、哄骗、讨价还价，试图说服孩子同意父母的观点，但他们恰恰很少使用最简单有效的“命令”法，比如：

“比利，我们改天再去动物园，是不是更好？”

“罗伯特，妈妈真的更希望你安安静静地待一会儿，好吗？”

“我觉得你该睡觉了，苏泽特，你愿意睡吗？”

“罗德尼，我们现在开始收拾玩具吧，好吗？”

以上例子中的父母，都没有明确告诉孩子他们应该怎么做。他们是在请求孩子，希望孩子能自然而然地理解他们话里的意图。这种交流方式毫无权威性。在这种语境中，掌控者是孩子。

今天的孩子举止行为中普遍存在的迹象让我们相信，他们不会再像四十年前的孩子一样顺从。我七八岁的时候，我的同龄人和我一样调皮捣蛋，但是当大人给了明确的命令后，我们就会乖乖照做——为什么？因为我们的父母和老师以及其他大人，都会明确告诉我们应该做什么。他们说话从不绕圈子，直截了当。下

面是五十年前的父母下达相同命令的范例：

“今天去不了了，比利，可能要找其他的时间。”

“我要你现在坐在这儿，罗伯特，不，别去别的地方，就这儿。”

“苏泽特，该睡觉了。什么，你还不累？没关系，那你可以躺在床上，整晚望着天花板。”

“我需要你现在就把这些玩具捡起来，罗德尼，直到把玩具整理好才能看电视。”（与此同时，关掉电视）

大多数父母之所以不这样跟孩子说话，是因为受到了“领导缺陷综合征”（Defective Leadership Syndrome）的影响。在婴儿期以及早期的蹒跚学步阶段，孩子显然不能完全明白父母对自己的要求。最重要的是，好的领导者即使在不确定自己该做什么的时候，也会表现得胸有成竹；好的领导者永远不用大喊大叫，也不会用其他夸张的方式来表达自己，因为他们很有权威，而有权威的话语自然会让聆听者屏息聆听。

父母发现自己只想让孩子专注、听话，却并不懂得该如何提出要求，下达命令。但通过交流，却可以达到父母想要的结果。记住，交流不只是用字词，还要启动语气声调、肢体语言、面部表情等等。在进行过几次有效的交流之后，你就会跟孩子建立一种默契。

再者，管教是种命令，不是技术。可靠的领导者拥有被领导者无条件的爱和无条件的信任——真正的领导，对应着真正的爱。

我用“先锋父母”（Alpha Parents）这一术语来形容那些掌握了用仁爱态度表达自己观点的人——无论是通过语言还是行动。说他们是“先锋”，是因为他们虽然地位显要，却并不只一味地威胁、恐吓孩子。虽然他们的管教是强制性的,但绝不使用大声叫嚷或者其他夸张的管教方式。正如我的母亲以及与她同辈的大多数母亲一样,对孩子的管教不过是由一些强制性的表情组成。对持有“先锋”态度的父母来说,他们任何的管教方式都会长期有效发挥作用。

相反,对那些“非先锋”的父母(non－Alpha)来说,同样的管教技巧却不会长久地发挥作用,这说明今天的很多父母所说的“我试过这样或那样的方法,都只是暂时起作用,不久就没用了;所以我就开始尝试另一种,结果还是一开始起作用,后来又失效了,所以……”

管教是由清晰明了的交流组成的,而不是通过某一种灵丹妙药似的管教方法。单一某一种方法并不能把一个问题少年脱胎换骨成一个行为举止都很得体的人,正所谓本性难移。好的行为习惯需要父母的言传身教,需要父母通过自己的语言和行动来告诉孩子,他应该做什么,不应该做什么。

“这才是你的位子。”当孩子坐在了错误的位置上,父母应该这样明言自己的态度。

“宝贝,妈妈希望你坐在自己的位子上,好吗?”这样的一句话很可能会造就一个执拗地要坐在错误位置上的孩子。

前者是陈述,后者则是希望。父母必须了解——很多时候,如果你不把话说明白,孩子就无法判断自己到底该做出什么样的选择。

胆小的父母

作为一个经常出差的人，待在公共场所的时间很多，因此，我有很多机会观察父母和孩子之间地位的变化。现在，我已经不再对孩子公然反抗父母感到惊讶，因为非常听话的孩子已经比较稀有了。

我发现现在很多父母跟孩子说话的时候，都在使用一种“胆小的语气”。胆小鬼卡斯珀(Caspar Milquetoast)是哈罗德·韦伯斯特(Harold Webster)在1924年创作的一个害羞腼腆的漫画人物，他的名字源于一种蘸牛奶的面包。卡斯珀很少敢出头露面，更不用说惹是生非了。他总是一副支支吾吾、软弱无能的样子。像卡斯珀一样，今天的父母也很少用直接、肯定的腔调与孩子交流。相反，他们已经习惯了绕圈子。

例如：一位母亲想让女儿去睡觉。她会说：“你不觉得你现在应该上床了吗?”她的小女儿可一点也不傻，她一边跺脚一边叫嚷着：“哎呀，拜托啦妈妈，时间还很早呢！我想再玩儿一会儿。”两个小时之后，孩子终于同意去睡觉。

另外一个例子：一位父亲希望儿子能够在家务繁多的时候帮帮他的忙，于是他用一种巴结的口气问：“儿子，你能不能先别上网——只停止几分钟，我保证——帮我们收拾一下垃圾?”不用说，这位父亲最终还是得自己去打扫垃圾。

在任何情况下，父母们都不该用怯懦的语气去抱怨、恳求、哄骗、贿赂孩子，或者进行自我辩解，因为那只能让孩子更看轻父母，并更积极地给自己找开脱。正确的做法应该是“先锋演讲”

(Alpha speech)——真正有影响力的领导者都明白个中道理。家庭教育是一种领导力，父母在提出命令和期望的时候必须用“先锋演讲”的方法，才可以规避孩子没完没了的借口和空头许诺。接下来，让我们来看看“先锋演讲”的几大特点：

“直接”，意味着必须直接说到问题的关键，而不能反反复复绕圈子。“你觉得现在是不是该关上电视，来帮我做点儿家务?”这不够直接。事实上，采用提问的方式本身已经犯了错误。“关掉电视，把垃圾倒了。”这才是“直接”的交流。

“经济”，意味着可以用五个字来说清楚的事情就绝不用二十个字。在传达信息时，“先锋父母”虽然并不一定非得惜字如金，但也无需词藻华丽。一位“先锋父母”永远不会说：“我知道你现在玩得非常开心，但我想安安静静看会儿书，所以我希望你暂停一下或者可以去别的地方接着玩儿，可以吗?”相反，他们会这样说：“你太吵了，我没法集中精力，拜托你去别处玩儿吧。”后者可能没有前者悦耳，但“好听”并不该成为跟孩子交流的用语标准，因为往往不那么好听的说法更有效。你每次对孩子提出希望的时候，其实心里都非常明白，你希望孩子能很快理解你的意思并马上按照你说的去做——因此，让孩子乖乖听父母的话才是唯一的原则。而只有后者那种不好听却直接有效的交流方式，才能给你理想的结果。

父母对孩子的解释、恐吓、承诺，其实都相当于自我解释。很多父母在恐吓和许诺孩子事情的时候都不存在问题，但总是无法让孩子明确父母的意图。需要注意的是，伟大的领导者很少解释他们的意图，一些领导人甚至从来不对自己的决策加以说明。政客需要得到群众的认可，所以，他们总是说服群众赞成他们，但领导者对已做出的决策却总是非常坚决。他们从不会做说服工作；

他们只是发布命令。因为他们并不追求广泛的群众认可。所以，很多父母表现得都像政客，而不像个优秀的领导者。

为了让这一点更加清晰，接下来，让我们看看“与孩子沟通时的十大禁忌”：

1. 孩子行为失当的时候，父母没能立即发出更正其行为的命令。或者即使发出了指令，但是语焉不详，带着征询的口吻。

错误：“把这些玩具捡起来，我们就可以准备去睡觉了，你觉得怎么样？”

正确：“已经到睡觉时间了，把玩具捡起来拿走。”

2. 用概括性的语言表达自己的意图，而不是非常具体的语句。而那些涵义广泛的漂亮话，只会让孩子不知所云，无所适从。

错误：“我希望逛街的时候你能规矩一点儿。”

正确：“逛街的时候，我希望你紧紧跟在我旁边；未经我允许，不许随随便便去摸货架上的商品。”

3. 同时发布多个命令。对于一个小于五岁的孩子来说，一次完成一条以上的命令是很艰难的；对于五至十岁的孩子，也最好不要同时发布两条以上的命令。如果跟孩子说明他该何时何地做何种家务确实有些勉为其难，那就给他列一张一目了然的家务清单；如果他还不认识字，就画给他。

错误：“我希望你今天能打扫自己的房间，倒垃圾，喂狗，把窝里的玩具捡起来……最后帮我把这些盒子放到阁楼上去。”

正确：“今天，我想让你做的第一件事是打扫自己的房间。打扫完之后告诉我，我再告诉你接下来要做什么。”

4. 在命令之前加上“让我们”这个前缀。这使命令变成了消极地征求意见。后果是孩子会受到暗示，以为你也会参与到劳动中，从而更给了孩子推卸责任的机会。

错误：“让我们来收拾桌子吧，好吗？”

正确：“你该收拾桌子了。”

5. 把吸引孩子注意力语言放在最后，而不是最前。而错误的顺序无疑会给父母们制造障碍。

错误：“时间差不多了，从秋千上下来吧，我们该回家了。”

正确：“我们该回家了。从秋千上下来，跟我走。”

6. 把命令变成游说。

错误：“嗨，宝贝！妈妈今晚给你做了很丰盛的晚饭！让我们跟萨利说再见，然后回家看看妈妈给你准备的惊喜！”

正确：“宝贝，到吃晚饭的时间了。跟萨利说再见，然后进来吃饭。”

7. 命令的时间范围过于宽泛。

错误：“比利，我希望你今天能修剪一下草坪。”

正确：“比利，我希望我6点钟回到家之前你已经把草坪修剪好了。”

8. 以希望的形式传达命令。这种方式只相当于对孩子的失当行为的消极抱怨。

错误:“我希望你不要张着嘴吃东西。”

正确:“吃东西的时候请不要张着嘴。”

9.传达命令时情绪激烈。

错误:“我告诉你多少次了,不要再张着嘴吃东西?”

正确:“吃东西的时候请不要张着嘴。”

10.传达命令就像在恐吓。这种方式很可能会引起孩子的反抗,因为孩子会本能地非常想看看你是否真的会坚持到底。

错误:“不要张着嘴吃东西,否则我就把你的嘴给缝上,让你用吸管吃饭。”

正确:“吃东西的时候请不要张着嘴。”

再重申一次:当你的孩子犯错时,管教孩子的重点并不在于某一种方法一定会对应某一种结果,而是有效沟通的问题——也就是必须掌握对孩子发布命令的正确方式,从而跟孩子之间建立起有效的沟通。如果做到了这一点,就能把九成的错误扼制在萌芽状态。

当然,管教的后果在对孩子整个管教过程中也扮演着重要角色。为人父母并非高深莫测的尖端科学——正确的态度是放诸四海而皆准的,一定对应着积极的结果。

四个有力的词

我和妻子一共有六个孙子/女,其中的三个经常住在我们家。

毕竟他们住的地方离我们的住处仅有三米。最近,我刚刚拒绝了长孙杰克的一个要求。“为什么不行?”他用哽咽的声音问我。

我说:“看着我,杰克。”他全神贯注地看着我,我用尽可能柔和的声音问:“除了‘因为我就是这样决定的’以外,我还用其他方式回答过让你不快的问题吗?”

他看了我几秒钟,然后说:“没有。”

“那么你知道答案,不是么?”

他耸了耸肩,说:“我想我知道。”然后他就去忙他自己的事情了。第二天,杰克和弟弟帕特就被父母带回家了。我说这个,是要证明“先锋父母”的讲话并不会引起孩子的愤恨、恐惧或者对大人的反感。恰恰相反,这种方式让他们的生活更加简单直接。当然,他们可能不会很快意识到其中的好处,但时间长了,他们就会发现家长的这种做法是正常合理的。

你对孩子说的话够权威吗?或者你只是一个胆小鬼?问问自己吧。买一个计算器,当你和孩子在一起的时候带在身边。你每对孩子说一次“好吗”,就按一下计算器。我认识的一位母亲确实这么做了,并且随时都会用邮件向我汇报。

她写道:“约翰,仅在一天之内,我就对三十孩子说了五十个‘好吗’!更糟糕的是,即使我知道我必须努力克制自己,可这个字眼儿还是无法控制地一直冒出来!”

父母们,赶走你们心中的那个胆小鬼吧!

帕特里克和意大利面事件

曾经，我认为管教就等于惩罚。这种错误的认知与我曾经受到心理学的训练有关，特别是心理学行为方面的训练。当我的宠物鼠做错事情时，我会打它一顿，直至它改正过来。不过，之后的经验很快告诉我，管教主要是沟通问题，而不是惩罚问题。

请不要误解我。该惩罚的时候，每位家长都应该制订一个计划，这样，在时机成熟的时候，父母一直以来的努力就可以达到积极的效果。管教的过程是把孩子变成信徒的过程——你只要告诉孩子“就是这样”，孩子自然就会服从你的领导。命令必须清晰、平和、突出重点(用孩子能理解的词语)、简明扼要、中肯切题。在之前所做的计划的基础上，进一步发挥管教的巨大作用。

几年前，我的两个孙子跟我们夫妻度过了一个漫长的周末。有一天晚上，我正在为美味劲道的意大利通心粉准备沙司配料和一些生面团。当我把饭放到五岁的帕特里克(两个孙子中年纪较小的一个)面前时，他马上跟我说不喜欢沙司配料。我把饭都端到所有人面前后，坐下来。

“帕特里克，”我很平静地说，“这是你的晚饭。”

他再一次告诉我，他不喜欢沙司配料；我也告诉他，在我的家里，每个人每一餐的内容都是相同的。没有人——从没有过任何人——需要吃小灶。他又再次更加伤心地告诉我，他真的不喜欢吃沙司配料。而我跟他说，对已经给你准备好晚饭的人说你不喜欢吃他给你做的饭，这是非常不礼貌的。我又说，因为是上帝赐予我们食物，因此说不喜欢自己面前的食物，就是对上帝的不敬。

于是帕特里克又用眼神求助于自己的祖母，希望能逃脱吃沙司配料的命运。然而，威丽也给了他一个“就是这样”的脸色。最后，他只好又回过头来看我，试图再抗争一下。

“但是我真的不喜欢沙司配料，”他用很可爱又很诚恳的语气说，“我过去从来没吃过。”

我回答说：“哦，帕特里克，我并不是说你非吃不可，我只是说这就是你的晚饭。你不一定非要吃，但是威丽和我不会再为你准备一次晚饭了。而且，你要知道，我们准备了冰激凌作为饭后甜点，但是甜点只是为吃过饭的人准备——就是这样。”（注意：我并不是“贿赂”帕特里克，我只是告诉他简单事实。如果我想“贿赂”他，我会这样说：“帕特里克，如果你把晚饭都吃了，你就可以吃一份冰激凌，你觉得怎么样？”）

帕特里克看了我一眼，拿起勺子开始吃面前的食物。最终，他把盘子里所有的食物都吃了。之后，他很骄傲地宣布，他非常喜欢我的沙司配料，还想再吃一份。

如果你认为这只是个让孩子吃晚饭的故事，那你最多只对了一半。这个故事的重点是教会孩子良好的餐桌礼仪，尤其是当他在别人家里用餐的时候。这也是一个帮助孩子懂得感恩，懂得珍惜自己所拥有的一切，甚至包括珍惜那些我们不是特别想拥有的东西。有效的家教，有些可以在短期内完成，有些则需要很漫长的过程。而需要漫长过程才能最终达成的目标，才是伟大的目标。

适当的惩罚是必要的

大概三十年前，某些精神健康教授告诉美国的父母们，适当的运用隔离处分法可以解决孩子在缺乏纪律性方面的所有问题。我也曾经是隔离处分的忠实信徒——我在埃里克和艾美身上尝试过隔离疗法，并且还经常以家庭心理医师的身份把这一方法推荐给很多父母。后来，我终于认识到，隔离处分只适用于那些行为端正的孩子；对那些在成长中已经存在问题的孩子，作用则微乎其微。请允许我做一个含糊的比喻：用隔离处分处理“粗暴”的恶劣行为，就好像试图阻止一头暴躁的大象踩死一只苍蝇。事实上，那些令人无法容忍的行为，必须对应同样令人无法容忍的惩罚措施。

今天的父母遇到的问题，是他们不愿意对孩子使用“粗暴”的方式——我发誓，我说的“粗暴”绝不是带有伤害性的、残酷的方式——专业的心理学术语已经吓坏了父母们，让他们认为粗暴的惩罚一定会带给孩子心理上的伤害，严重的甚至还会毁了孩子的一切。如果父母们只顾着一味思索“这会给孩子带来心理上的伤害吗”，那孩子的错误就永远得不到及时、有效的纠正。

埃里克受过的最大的惩罚，是新学年开学两个星期后，他五年级的老师打电话给我们，说他没有做作业。他在学校里并不调皮捣蛋，与同学也相处得很融洽，可就是不做作业。于是威丽和我就坐下来与埃里克谈，我们明确地告诉他：“必须解决这个问题。”实际上，我们相信他自己完全有能力解决，因此我们并没有去监督他做家庭作业，而是经常定期地给老师打电话，询问他完成作业的情况。

“埃克里先生，”我说，“如果六个星期后你的成绩单下来的时候，这个问题还是没有解决，妈妈和我就会替你‘解决’。你明白吗？”

他说他明白——只有到了无路可退的时候，孩子们才会这样说。

六个星期后，他的成绩单下来了——非常可怕。威丽和我又一次坐下来跟他说：“你没有解决问题。所以，就像我们之前跟你说的一样，现在由我们来给你‘解决’。接下来的四个星期，只要你不在学校，不在教堂，你就必须待在你的卧室里。当然，你可以去洗手间，可以做家务，可以和我们一起吃饭，也可以和我们一起出行。这段时间里，你必须在晚上 7 点上床(不管是不是周末)，上床之后马上关灯。在接下来的四个星期里，我们会去向老师索要你的进步报告，哪怕只有一位老师说你没有改正自己的错误，我们就会把对你的惩罚再延长四个星期。埃里克，我不得不提醒你，你还有七年的时间要与我们住在一起。”

不用说，他吓坏了。他万万没有想到我们会这样做。四个星期之后，在我们看到的进度报告上，老师这样写道：“我们不知道你们做了什么，但是埃里克的确已经完全变成了一个不同的孩子，一个模范学生！”

从那以后，一旦在学校里发现埃里克学业有走下坡路的趋向时我们就会问他：“你还记得你的五年级吗？”接下来的事情不用我说，大家也都知道。他的问题自然就会迎刃而解了。

班森的后果：无论是在学校还是在家，班森遇到主要的是行为问题。他爱捣乱、没礼貌，而且不听话。在家长会上，班森的三年级老师、校长和顾问一致认为，班森得了注意力缺失紊乱症(ADD)。校方想让家长们认为，这种注意力缺失紊乱症是由不

良基因引起的，是遗传性的，因此班森的行为并不是校方的错。他们告诉家长，班森需要药物来控制冲动。几个月来，班森的父母一直拒绝接受校方这种善意的蠢话。（ADD 的确是遗传性疾病，或者是生物化学不平衡的结果，或者是大脑中的结构性反常。但与真正患有注意力缺失紊乱症的孩子不同，校方对于班森的结论是没有科学依据的。）

班森的母亲告诉我："对于他的恶作剧，我们的忍耐终于到了极限。班森一从学校回到家里，就把他的房间反锁上，因为他的房间里有电视、游戏机、运动器材、英式足球比赛系统……于是，我们规定他从星期一到星期五的每天早上，要用十五分钟的时间穿好衣服准备上学；每天晚上，要用十五分钟的时间准备上床睡觉。"

起初，班森非常惊异于父母的坚决。当他威胁父母要说控告他们虐待儿童时，父母提醒他这样做的后果：班森不得不自己做饭，自己处理各种生活琐事，包括只能睡在沙发床上！

"好了，"班森的父母说，"现在，请去告诉别人我们是怎么'虐待'你的吧。"

他们告诉班森，这种严格的惩罚将会持续四周。在这期间，不允许他参与任何课外活动，不能约朋友玩，不能用电话，不能看电视，在没有父母陪同的情况下，他哪也不许去。而且，无论在家还是在学校，他每犯一次错，就要在原惩罚的基础上再延长一星期的惩罚时间——并且，即使他在这期间表现良好，也不能缩短惩罚时间。

这位妈妈继续说："这太神奇了。几天后，他的老师告诉我们，班森完全变了一个人。她从未见过如此神速的进步。在家里，班森也开始成为一个好孩子——礼貌、合作、健谈，仿佛是快乐的使者。”

四个星期之后，班森房间的门锁被拿掉了，这是为了防止他再次复发。一年之后，班森顺理成章地戒了酒。

斯托姆潘娜拉的结果：斯托姆潘娜拉五岁的时候，父母已经受够了她的坏脾气。只要他们拒绝她什么要求，或者让她做某些乏味的家务，她就会开始发脾气、声嘶力竭地哭喊、在地上打滚、扔东西……这种情况从两岁的时候就开始了，并且愈演愈烈。一开始，她只是在家里撒泼，随着时间的推移，她变得越来越不关心别人。当幼儿园老师告诉父母应对她多加关注时，她的父母才开始有所行动，虽然不够及时，但还不算太晚。

行动计划很简单。下一次斯托姆潘娜拉大发脾气时，就把她送到楼下的洗手间，关上门。等她又能控制住自己情绪的时候，才能出来。如果她在一天中被两次关进洗手间时，就取消她当天的所有特权。这意味着：她不能看电视，不能出门，不能和朋友一起玩。如果一天之内发脾气超过三次，她在这一天剩下的时间里就只能待在自己的房间里，并且一吃完晚饭就要立刻去睡觉。

我将这种惩罚方式称之为“三击出局”，这一方法对纠正大量不良的行为问题很有效。斯托姆潘娜拉的父母也告诉她，只有她能控制自己在一个月内不发脾气，才能有新玩具、新衣服，得到正常的待遇，还可以去看电影或跟朋友一起玩。

俗话说，先礼后兵。斯托姆潘娜拉的父母从始至终都非常坚决。可想而知，在实施计划的前两个星期内，斯托姆潘娜拉大多数时间都被关在她的房间里。但最终，她解脱了，她不再勃然大怒。每隔一段时间，她的父母就试图激怒她，看看她会怎么处理——但她总能在第一次大吵大叫之后马上克制自己，撅着嘴不再说话。然后转身离开，回到自己的房间。的确，撅嘴已经是一

种进步，所以斯托姆潘娜拉的父母决定暂停这场惩罚。

在埃里克的案例中，威丽和我把一个重大问题的严重后果遏制于萌芽中；在班森和斯托姆潘娜拉的案例中，他们的父母把孩子的棘手问题成功解决了。在以上三个例证中，传统过时的惩罚方式战胜了现代心理学的方式，再一次证明了那句话：日光之下，本无新事。

有时候，父母们会害怕惩罚所带来的负面记忆会永远留在孩子的脑海中。这也是父母们最害怕的。实际上，不开心的记忆不可能永远存在。同样，我们不能保证一个人经历了严重的后果就会自然而然修正自己的行为问题。像对待埃里克和班森一样，父母们不能完全依赖某一种方法，很多时候，还必须将几种惩罚办法糅合在一起。

严厉

我接到很多人写来的信件和邮件，他们赞同我说的，认为当需要严格规矩的时候，惩罚就是最好的方法。有时父母会声称自己在教育孩子的时候很严厉。

有位带着掩饰不住的自豪的人士，跟我炫耀说“我很严厉”。

不幸的是，我最近发现很多人认为的严厉根本不是严厉。那是费力、恼怒、强迫和愚蠢，换句话说，就是不严厉。

差不多两年前，有一次我看到了一些假装对孩子很“严厉”的父母。下面是他们怎么误解这一术语的例子：

“兰博,给我!”

(兰博,七岁,心不在焉。)

“兰博,听见了没有?”

“嗯。”

“什么?”

“我在跟它玩。”

“我不管,给我。它不是玩具。”

“可是,妈妈!”

“不行!给我。”

“求求你,让我跟它玩一会吧。”

“不行,现在!”(妈妈伸出手)

(兰博把“玩具”从妈妈手上夺回去。)

“兰博,给我!快点!”

你可以想象这幅画面。这个游戏可能持续了两三分钟,最终兰博成功地说服了妈妈,让他再玩一会。但爸爸一说“把玩具给我”,兰博就立即交出玩具。

有些父母以责骂而著称。其他父母——真正严厉的那些——对这种父母颇有微词。然而,今天的大多数父母只不过是自认为很严厉而已。除责骂之外,今天的父母们在孩子面前是极易屈服的人、是孩子的玩伴、睡前讲故事的人、仆人以及可以依赖的人——在孩子的眼中,很少有真正严厉的人。

为了说明什么是真正的严厉,我回到一开始的例子中,给出一种全新的可能性:

“兰博，请把它给我，它不是玩具。”

（兰博心不在焉。）

妈妈没有任何生气的表情，牵着兰博的手到他的房间，说：“在这个房间待一个小时吧，小伙子。而且我要取消你和比利晚上可以一起玩的决定，你改天再去他那吧。”

“妈妈！我错了！”

“好吧，但是你的道歉并不能改变刚才没有听我话的事实。”

“妈妈，这不公平！”

“兰博，你是一个很聪明的小伙子，你完全能理解当我跟你说话的时候，我不是在开玩笑。我实在不想靠不断地重复要求来侮辱你的智商。一个小时，现在开始计时。”

（说完，妈妈走出了房间。）

就是这样。你可以想象这个画面——严厉是让孩子知道父母说话不只是释放了二氧化碳，他们的话一定有所指。严厉并不一定意味着（尽管孩子们有时候会这样认为）声色俱厉，甚至干脆就直接等同于惩罚。实际上，依照我个人和专业的经验，严厉的父母相信孩子能够理解他们话语的含义，所以，并不需要太多的惩罚，他们就能好好享受与孩子在一起的快乐时光。

一位家长曾告诉我，她觉得我过于强调严厉的必要性，而忽视了温柔亲切的必要性。她跟我说起她的经验：不严厉的父母对孩子施予的惩罚，往往会更有效。

我部分同意她的说法，但是严厉和不严厉并非完全对立。实际上，我个人和专业的经验是：最严厉的父母也是最不严厉的父母。

严厉的惩罚一定是强有力的，而不一定是苛刻严酷的。严格纪律的目标是达成一致，而不一定是无价值地重复命令。为此，严厉的惩罚能迅速地解决问题，将其扼杀在萌芽中。就严厉本身而论，它是平衡父母和孩子之间关系的最佳方式。

以兰博为例，兰博在受到惩罚后学乖了，懂得该听父母的话。然而，两个星期后，他又犯了错，再次被送回他的卧室隔离一小时——这一次，他反抗、哭喊、哀求……但父母坚持自己的决定。在这之后的一段时间里，兰博大概每个月都会犯一次类似的错误，然后冷静地接受惩罚；再接下来，兰博每两个月犯一次这样的错误……那么，随着时间的推移，兰博养成了良好的行为习惯，犯错误的几率越来越小，他的父母的压力也会变小。在兰博和父母之间，就会产生更自然且真诚的感情。

软弱的惩罚对抗有力的惩罚

前些时候，一位好朋友告诉我，他五岁的孩子完全无视规矩，骑着自行车上了他们住宅边的小路。一个小时后，才在邻居家附近被找到。

“我们吓坏了，”这个朋友说，“找他的过程中，各种各样的糟糕情况我们都想过了。”

我问：“那么，在这之后你们是怎么惩罚孩子的呢？”

“哦，”他带着“你最好不要跟那个大家伙搅和在一起”的语调回答说：“我们将他的自行车没收了一天。”

我禁不住用嘲讽的声音叫嚷着：“哦，天啊！”

“怎么了?”我的朋友很吃惊地问。

“你的做法还真是‘邪恶’呀!”我笑着回答说。

“哦,是的!如果是你,你会怎么做呢,育儿专家?将他的自行车没收一个月?”他讽刺地回答说。

“嗯,至少一个月。”

我的朋友看了我一会,然后说:“你是认真的,是吗?”

我非常认真。这是我的预测:我朋友的孩子违反了骑自行车的规则,这之后父母对其的惩罚并没有给他的生活带来太多的困扰——一天没有自行车有什么大不了的?所以,他可能很快就会再次犯下同样的错误。

不过,如果父母将他的自行车没收一个月,用一个挂钩将它挂在车库里,那么这个小男孩可能就会意识到,自己正为违反规定付出不小的代价(相对于他的年龄而言)。如果他的父母照我的想法去做的话,我猜这个小男孩再不会违反“不要骑着你的自行车到街道上去”的规定,永远都不会。

如今的大多数父母跟我的朋友一样,在孩子做错事时,他们总是轻拍孩子的手背;当孩子需要及时有效的纠正和惩罚时,他们又总是不想让孩子心烦。具有讽刺意味的是,在不让孩子心烦的前提下,他们只好自己心烦,甚至不得不歇斯底里地大叫:“我们告诉你多少次,不要骑着自行车到街上去?!回答我!告诉你多少次了?!”在这之后,他们马上又意识到发脾气是不好的,就又再向孩子道歉——整件事情就又回到了原点。

如果你希望一个不遵守规定的孩子不再犯错,那么当发生冲突的时候,就必须马上使用一个与错误相比,更严厉的惩罚。只有在这种情况下,你才会给孩子留下一个持久的印象,让他不再有勇气犯类似的错误。顺便说一句,我绝不是在鼓吹体罚,我说的是我的父辈经常使用的“扼杀在萌芽期”的做法。

当然,父母们也无需经常用这种可恶的做法。总之,采取“没收自行车一个月”方法的父母对孩子进行了严厉惩罚,他们的孩子也就相应的对自己的错误和父母的要求给予了足够的重视,今后便会遵守规定;然而,轻罚子女的父母因为总是打孩子,孩子渐渐也就不在乎了,既不在乎体罚,也不一定遵守规定。于是父母就更加烦躁,反省自己的行为,甚至向孩子道歉(“对不起,我过了糟糕的一天。我不是故意向你出气”)。可下一次他们还是会打孩子,就这样恶性循环。

拿打骂孩子出气——在我听来,这是一个没有大脑的人才会做出来的事。

脆弱的爱和坚固的爱

会去查阅育儿书籍的父母都是有良心、有爱心、有责任心的。他们的初衷都是好的,但这并不意味着他们的做法就一定是正确的。

每一对父母都爱自己的孩子,但不是所有的爱都一样——有的可能是误罚,有的可能是错爱。不幸的是,很多善良的父母正溺爱并错爱着自己的孩子。与他们对孩子的惩罚一样,父母的这种爱很脆弱。

脆弱的爱是溺爱。用脆弱的爱去爱孩子的父母总是对自己期望过高,相对而言,对孩子期望反而较少。例如,他们希望孩子在学校能取得好成绩,但是他们保证孩子取得好成绩的方式是跟

孩子们坐在一起，“指导”孩子的功课——这种“指导”，完全超越了应有的范畴，简直就是在越俎代庖。这种情况下，父母给孩子带来的危害远大于给孩子带来的帮助。怀抱脆弱的爱的父母总是担心自己会让孩子烦恼，生怕听孩子的控诉——“你不爱我”或者“我恨你”。

相反，坚固的爱是有力量的，虽然孩子们未必喜欢。给予孩子坚固的爱的父母明白，孩子们必须学到一些东西——在相对寂寞的环境中遭遇不幸，在错误中吸取教训。坚固的爱是对孩子的保护，但明智的父母同时也深深懂得，逆境本身并不能完全让孩子明白自己该如何选择。

坚固的爱能帮助孩子用自己的双脚站立起来，而脆弱的爱等于让孩子站在父母的双脚上；坚固的爱要求孩子躺在自己整理的床上，而脆弱的爱让孩子躺在父母为他铺好的床上；坚固的爱让孩子自食其果，而脆弱的爱让父母生孩子的气；坚固的爱是支持孩子，让孩子自己奋斗，脆弱的爱是父母为孩子奋斗。

这里有一个关于爱的故事：我的母亲很有才华，她拥有植物形态学的博士学位，这是一门深奥的生命科学。她的才华同时也体现在数学这门学科上。在我大约五年级的时候，有一天，我向她抱怨一道十分困扰我的数学题目。她看了看我的数学书，说书上讲的内容跟她当时学的是一样的，说完把书还给了我。

“我像你这么大的时候，完全有能力解答这道题目，”她说，“所以你也能做出来。”

“妈妈！”我抗议道，“我已经用了半个小时来做这道题了！”

“哦，”她说，“那你更是找错人了。有些课题我已经做了五年了，可还是没有得出结论，但是我始终在坚持。”

就这样，妈妈以一种专横的姿态拒绝了我，就好像她是英国女王。我用十一岁的愚蠢的心开始记恨母亲。我记得我气冲冲地走了，边走边说类似于“你一点都不关心我”的话。其实，妈妈十分关心我，但关心不会让一切都变得更好。她非常了解我——我需要的是学会自己解决问题。当时的孩子，如果在某些学科上感觉吃力，就要参加暑期培训学校，而我并没有参加任何暑期培训学校。因此，我必须自己解决这些数学问题。

父母并不能通过一两句鼓励，就培养出最优秀的孩子。父母必须让孩子发现自己的潜力，这需要他自己付出努力。而作为家长，你的工作是支持你的孩子去努力。坚固的爱、严厉的爱——或其他任何一个名字——才是真正的爱。

家庭不是一个言论自由的地方

最近，我进行了一次有趣的交谈，交谈的另一方在一家我曾经很信赖的笔记本电脑公司做销售工作。我打电话到该公司订购替换零件，在确定我是这台电脑的所有者的过程中，销售人员问我：“传统育儿方法的核心是什么？”

“我写了有关抚养孩子的书籍，还有一些讲座，里面提到过这个问题的答案。”我回答说。

这个回答让她很开心，因为她跟自己的两个儿子之间存在一些问题。这两个三四岁的男孩总是跟她顶嘴，他们直截了当地告诉她，他们不会听妈妈的话，因为她不是他们的老板。

“现在，”她解释说，“我真希望孩子们能够好好跟我说话。”

“那你做的太棒了！”我喊道。

“我？”她满腹狐疑地说。

“是的，你做得很好，”我说，“很显然，孩子们能够跟你畅所欲言。”

“但是，这不是我所希望的，”她说，“我希望他们听我的话，而不是不尊重我。”

“我很抱歉地告诉你——没有人能两者兼得。”

过了一会，我们的谈话就结束了。这次谈话听起来很正常，但实际上充满了讽刺意味。

与如今的很多父母一样，这位妈妈的做法是舍本逐末。在这种情况下，“末”是“民主的”亲子关系；“本”是父母应该让孩子知道自己应该做什么，而不是只有父母要求他们的时候，孩子才会去做本该做的事情。换句话说，过早给孩子所谓的“民主”，比如说言论自由，只会使他们滥用这种自由。这样的孩子很快就会变成暴君——太讽刺了，不是么？父母给孩子自由，但孩子真正需要的却是履行义务。

这就是现在美国父母的悲惨现状，在这里，后现代的心理呓语十分盛行。最近，我告诉一位父亲，要确保孩子诚实守信，就必须坚持让孩子在幼年时无条件顺从父母，并在孩子逐渐走向青春期的时候放松对他思想的限制。这些做法的目的，都是确保青少年在言论和行为方面有足够的自我约束力。

“哦，”那位父亲说，“可是这样做让我有点不舒服。”

我想告诉他，这么做并不是为了他，而是为了他的孩子。并且他该考虑的，根本不是这样做是否“舒服”，而是对孩子的问题来说，这是否是最好的解决办法。

在美国，养育子女就像是一个童话故事，孩子的童年被长期监禁在黑暗的地下城中，等着被那些关爱子女的父母所解救，这些父母希望孩子能自由地表达自己的感情。

“我从来没有用我的孩子跟我说话的方式对我的父母说话。”最近一位大约四十岁的母亲泪流满面地向我哭诉道。

如果她的父母允许的话，我想她也免不了会用一种不敬的语气跟他们说话。可惜他们没有这样做。他们没有过早地给她所谓的言论自由，因此，她从小就不是个专横无理的人。她非常有礼貌，尊重别人，也很听父母的话。因此，当她终于可以拥有言论自由的时候，她也并没有滥用这一特权。

问题

问题：我们两岁大的儿子经常对我丈夫直呼其名——弗兰克(Frank)，他也叫过几次我的名字。我们更希望儿子能叫自己的父亲“爸爸”，这样才更有礼貌。我们认为将注意力全部集中在孩子的行为上只能使情况变得更糟。可到目前为止，我们还没能纠正儿子的这一行为。相反，当他用合适的称呼叫他的爸爸时，为了加以强调，我们会指着他父亲，再次问儿子：“他是谁？”儿子的回答总是正确的：“爸爸！”尽管如此，在今后的日子里，他还是会时不时直呼爸爸的名字。我知道我的儿子很聪明，他非常乐于发现和使用我们的名字，但我怎样能让他明白这是不对的呢？

回答：你显然不知道如何像一个两岁的孩子一样去思考问题，让我来帮帮你。当你指着你的丈夫，用带有戏剧性的声音问：“那是

谁?”你的儿子会认为你正在跟他玩游戏。因此,他会骄傲地回答:“爸爸!”而你兴高采烈地说“没错”的时候这无疑更深了他“这是个游戏”的念头。

如果一个两岁的孩子发现自己的某些行为能够引起别人戏剧性的反应,他将在任何可能的情况下不断重复这种行为,这不是任性(虽然有的孩子确实是故意的),而是因为他觉得这一切很有趣——这就是一个两岁孩子做的戏剧性尝试。

换句话说,虽然我们不能把这种行为定义为“坏”,但还是应该纠正它。“妈妈”和“爸爸”的称呼虽然不算很正式,但毕竟是称谓;可名字不是称谓。在这个问题上,称谓明显比名字更郑重。因此,你的儿子——其实范围完全可以扩展为所有的儿童——都应该称呼自己的父母为“爸爸”和“妈妈”。

为了制止你儿子的这种行为,你需要明确并坚定地停止与他进行的“游戏”。当他直呼爸爸的名字时,他爸爸应该说:“我不是弗兰克,我是‘爸爸’。叫我‘爸爸’。”从现在开始,你同样也应该称你的丈夫为“爸爸”。你的问题会马上得到解决的。

问题:我的丈夫是个体育迷,他教给两岁的儿子如何击掌致意,儿子不得不尽可能地先缩回手臂,以便能用力击打对方的手。我认为这相当于教他打架——因为有一次,我儿子在跟另一个孩子玩闹的时候过于用力,那个孩子都哭了。但我丈夫仍然认为我的担忧很愚蠢。父亲教孩子击掌这件事看起来的确很平常。可能是我太多虑了,你觉得呢?

回答:我也认为你丈夫的这种做法挺愚蠢,还带有一定的危险性。除此之外,还容易导致儿童对成年人不够尊重。请注意,尽管我自己很少这样做,但我并不反对成年人之间相互击掌致意,我甚至不反对大一点的孩子缩回手臂、用力击打对方的手——但这种行为毕竟还是有一点孩子气。

放纵儿童击掌致意要面对的问题，是他们普遍缺乏自我约束力，特别是学龄前的男孩。正如你所说，学龄前男孩往往会将手臂向后收回，然后用力击打对方的手。有几次，我很愚蠢地配合了对方的动作，手掌上马上就是一阵刺痛。上一次，一个骄傲的父亲鼓励我去配合他两岁的儿子击掌，我在最后一秒退缩了，这使得孩子因为强烈的惯性向前冲过去，跌倒在地。在那一刻，这个跌倒的孩子在击掌上所使出的力气终于引起了大人的注意。所以我说，这是我最后一次配合这种无聊的活动，因为我之前也目睹过类似的情况发生。

哪怕不考虑手掌疼痛这个因素，击掌也不应该存在于成年人与孩子之间，父母与孩子之间击掌也显得太过随便。我认为击掌该是十至二十岁的同龄人之间的一种交流感情的方式。

两个年龄大一点的孩子击掌？很好。

两个成年人击掌？也很好。

一个成年人与一个孩子击掌？不好。

对我来说，这就相当于一个孩子直呼一个成年人的名字一样无礼。应该教育孩子用正式称谓称呼成年人："先生"、"女士"、"小姐"……并且应该用招手的方式，而不是击掌的方式跟大家打招呼。

击掌这种行为意味着成年人需要孩子对自己另眼相看，认为他们很酷的。就个人而言，我认为没有这个需要——我的孩子们都很爱我，这就是我看到的全部事实。

我希望我的观点能对你的丈夫有一些影响，你的家庭中将不

再发生先前出现的问题。他是一个体育迷，而大喊和击掌是狂热的体育文化的一个组成部分，他无疑是想尽早引导儿子融入他的生活。一个相信比赛的结果就是宇宙存在的意义的人，可能也会认为你不应该试图制止他跟儿子击掌，因为他觉得真正的男人就应该互相击掌示意。我有一个想法：如果他还是继续教儿子击掌的话，你就可以威胁他：如果他固执己见，你就要教儿子插花。

让我们试着想象这样一个场景："好漂亮的一束花！来，儿子，击一下掌！"

问题：最近听完你在威斯康辛州做的演讲后，我意识到自己还没有完成在两个女儿面前从服务者到领导者的转变，她们一个六岁，一个四岁。过去，她们总是发号施令——我的确没能处理好跟她们之间的关系。现在我想，我首先要做的就是不再做她们的玩伴。现在，我每天跟她们至少玩一个半小时，有时候时间还会更长。我应该继续跟她们玩，还是让她们学会自娱自乐？我应该做出改变吗？

回答：正如我告诉威斯康辛州观众的那样，我们的文化并不赞成女性的角色从服务者变成领导者。在我所定义的"妈妈法庭"上，女性为了确保自己是位好母亲，会认为"花越多时间跟孩子在一起的女性越是个好妈妈"，"为孩子付出最多的女性就是最好的妈妈"，"当孩子变得焦虑不安，能够很好地解决问题的女性就是最好的妈妈"。赞成这种宣传口号的女性应该都亲身感受过抚养孩子的艰难。但是，反过来，她们的孩子却认为自己所得到的一切都是理所应当的，所以这些小家伙根本就不好好听话。

决心将自己从"家庭教育正确性"的牢笼里解放出来，这对你来说是有好处的。我支持你，但是同时我需要提醒你，其他的妈妈可能会因为你的解放而感到不自在。你要知道，那些不遵循家庭教育正确性原则的女性，对社会是会产生一些负面影响的。更具讽刺意味的是，那些所谓解放了的女性仍然在为孩子牺牲一切，哪怕她们有些人醒悟了，想把大家从这个荒谬的牢笼中解放出来，她们也丝毫不会为此感到庆幸。

当两个孩子长到可以彼此做伴玩耍时，你就完全可以不再继续做她们的玩伴，这对你来说是一个很好的开始。考虑到这一点，我认为你有必要先告诉你的女儿们，她们的妈妈有个多么精彩的新计划。

“孩子们，听清我说的话。我不会总陪着你们玩了。你们已经长大了，知道如何支配自己的时间。从现在开始，我希望你们自己或者相互之间能玩到一起去。如果你们还是要求我跟你们一起玩，我只能如实回答：不行。我会让你们自己找到玩耍的方式。当然，我偶尔也可能陪你们玩一会，毕竟有些时候，我也想自己像个孩子一样放松——但这种情况将非常少见。我爱你们！还有什么问题吗？”

我强烈建议你只是“迅速转动开关”，永远别再将它打开。不要用诸如“每天减少 5 分钟陪她们玩的时间”之类的做法来使她们放弃坚持，否则你永远都达不到你的目的。

一旦孩子们适应了这种转变——可能会有一些抱怨，甚至是一个星期左右的哭泣——几个月后，你的女儿会用完全不一样的眼光看你，就像是在看一位强大的、非常权威的人物。

站在穿衣镜前，每天重复下面的咒语至少 10 遍：“我是妈妈，听我吩咐！”

问题：我的第一个孩子是个女孩，她三岁八个月大。一般情况下，她表现得很好，只是有一个坏的习惯：当我们离开商店、图书

馆这些公共场合的时候，她总是尖叫着从我旁边跑开。因为不想回家，她似乎在发泄她的情绪——她会把我推开跑远。有好几次，我在后边追她的时候，她已经跑到了街上。回到家里，我会严厉训斥她或把她关进房间里。一旦受到惩罚，她就会对她所做的事情表示抱歉，但下一次我们离开公共场所，她还是会重演这样的一幕。最近我决定：她再踢腿、尖叫时，我就置之不理，直接把她抱上车。我要怎样做，才能抑制她这种行为呢？

回答：如果你女儿已经三岁零八个月大，那她已经不需要你把她抱上车，或许她的饮食和发育状况需要进行测评。我最近一直在做一项重大调查，是关于潜在的健康危险的——包括早发型成人（Ⅱ型）糖尿病（early onset of adult(type 2) diabetes）——幼儿超重。我敢保证，任何一对有责任感的父母都不希望孩子遭遇这样的健康问题。所以我建议你找一位儿科的营养学家对你女儿的饮食和发育状况进行一下测评。

对于你女儿情绪反复无常和试图逃跑的问题，我的建议是“演练”。

带她去她最喜欢的商店。并不是为了购物，而是为了解决她的问题。到了商店之后，你就随便逛逛，给她买一些她想要和需要的东西。离开商店的时候，当她又开始尖叫和争持，你就把给她买的东西扔在原地（即使你已经为此付了钱，这意味着这些东西必须比较便宜），拉着她，将她带到车上，给她系好安全带，开车。到家之后，剩余的时间都把她关在她自己的房间里，还必须让她比平时早一点睡觉。你必须告诉她，从现在开始，这就是你处理这一问题的方式。第二天，再带她到另一个地方进行再一次的演练。假设你们又去了另一家商店，你就可以这样说：“还记得昨天吗？如果你再尖叫，我还是会把你带回家，关到房间里去。

你在房间里的时候,我可以做很多我想做的事。所以,如果你想的话,那你就叫吧。”如果她还是照样尖叫、逃跑,你就一副很冷漠的样子,就像这一切不关你的事一样。

我猜她不会再尖叫了,但如果她还是固执自己那一套,那就顺其自然。即使做最坏的打算,三至五次的演练也一定能解决问题。在以后的三个月左右的时间里,无论什么时候去商店,只要她管不住自己,你就应该让她想起她之前为此付出的代价。

问题:我们三岁半的儿子每个工作日的上午要上学前班。跟去年一样,他总在小组活动中惹很多麻烦。今天,他的老师就已经很确定地告诉我,他又惹了场大麻烦——她说我儿子的行为太恶劣了,并声称要将他进行隔离处分。一个老师带他走出教室,让他自己在外面反思了一会。但他在家的时候并没有这些问题,一点苗头都没有。随着新学年的开始,我的忍耐渐渐逼近极限,我打算把他的恶劣行为扼杀在萌芽之中。所以,每次一回到家,我就把他隔离(让他坐在房间角落里的椅子上)一个小时。我告诉他,这是因为他在学校里表现太差。我这样的做法是否正确呢?我应该如何处理此类问题,你能给我一些建议吗?我很担心他会被学校开除。

回答:如果你感到自己的行为很鲁莽,你可以告诉孩子的老师,对于这个年龄的孩子,短时间(三至五分钟)的隔离就已经是很有效的惩罚措施了。隔离对于小孩子非常管用,但对三岁左右的孩子来说(尤其是性格固执的孩子),这一方法已经开始失效。对于那些行为端正的孩子来说,无论年龄多大,隔离永远是非常有效的,随便一个小小的惩罚(一个严厉的眼神,一次严厉的斥责等等),都会引领一个行为端正的孩子回到原来的轨道上。

在凳子上坐一小时不会伤害到一个三岁孩子的心灵。毫无

疑问，让一个三岁的孩子在椅子上坐一小时的想法，会让很多父母在惊恐中退缩。但请相信我，那对孩子不会造成什么伤害。请记住，惩罚必须形成一种长期记忆，才能发挥作用。因此，罗斯蒙德的记忆原则是：惩罚的结果越是难忘，才越能发挥作用。由于年龄太小的孩子缺乏掌握长期记忆的能力，所以那些孩子不到三岁的父母才会经常说“什么作用都不起”。

我建议你和老师达成一致，来纠正你儿子的行为问题。当你儿子在教室里突然大发脾气时，他的老师无需努力让他冷静下来。相反，一旦他开始发脾气，老师就立刻带他离开教室，然后给你打电话。你则尽快去学校将他带回家。回到家，就让他在自己的房间里度过这一天剩下的时间，并且在吃完晚饭后让他必须立刻上床睡觉。在开始这次行动前，你也许应该在儿子的房间里进行一次轻微的“消毒”：将他喜欢的玩具拿走，藏起来。

长时间被关在一个无聊的房间里，比在椅子上坐一小时更能激发有效的长期记忆。需要注意的是，千万别以为只要用此方法惩罚孩子一次，就一定能解决问题。相反，大多数的惩罚是无法立竿见影的，除非父母至少惩罚了他们三次。另外一个说法是：一种惩罚，不管多么令人难忘，都不会起多大作用，除非你坚持不懈。

问题：我是一个不爱出门的单亲妈妈，我有一个三岁的儿子，他很叛逆，完全不在乎我的处罚。我试过用手掌打他的屁股，把他关起来，取消他的权利……但这些都不起作用。他打其他的孩子，不听我的话，从商店里逃跑，稍有不如意就大发脾气……我把他拉到浴室里打他，他会承认错误，但下次还是照错不误。但只有在我身边的时候他才会这样，他在爷爷奶奶和其他人面前都表现得很好。我不知道这是为什么，也不知道应该怎么办，我简直想用头去撞墙！请帮助我！

回答：首先，应该找出引发这种行为的原因，否则会降低你管教孩子的效率。此外，如果你只是想知道原因，这也会让你止步不前。因为即使你知道了原因，却不采取行动，你的儿子还是会跟从前一样随心所欲。所以，就让我们看一看，对于这种让人头疼的情况来说，我们能做些什么。

像大多数父母一样，你非常相信给予惩罚是处罚的本质。但事实并不是这样。有效的管理是由有效的领导所发起的，而领导的实质是适当的沟通。领导者不是通过惩罚来召集追随者的——他们是通过演说来赢得自己的追随者。领导者的演说往往简明扼要，不会给听众留下任何想象的空间，并且不附带其他详细的说明。

总的来说，如今的大部分父母没有恰当地对孩子进行命令。用“可以吗”结束一项“命令”只是众多失败案例中的一个。给出冗长乏味的解释（推理）是另外一个例子。通常情况下，尤其是跟孩子在一起的时候，解释会产生一种印象，即父母在试图劝说孩子，而不是希望孩子去遵守规矩。

我的第一个建议，是锻炼自己跟孩子进行适当交流的能力。比如，不要说：“帮我捡一下这些玩具，好吗？”而要说：“我希望你捡起这些玩具，马上！”而且，在这种情况下，为了不给孩子反抗的机会，父母必须立刻走开。这样做就能确保孩子服从指挥吗？当然不能。但这至少能极大地提高孩子听话的几率。

第二个最常见的养育问题，是面对惩罚可能引发的情感变化，尤其是面对自己幼小的孩子，很多父母很难说“不”。所以，你需要在儿子大发脾气的时候离他远一点，绝不能有丝毫的妥协让步。我还知道另外一个对付坏脾气孩子的好方法，就是创造一个

“发脾气专用空间”，不论什么时候，只要孩子一发脾气时，就让孩子去这个地方待着。我们的女儿在你儿子这个年龄的时候，脾气也非常不好。每次她一发脾气，我跟妻子就把她带到楼下的浴室——是的，我们把这里当作专属于她的发脾气场所——并且告诉她，等她发完脾气才可以从浴室里出来。可能这种做法并不能马上抑制住她的脾气，但至少极大地减小了她发脾气的几率。

最后，既然你的朋友、父母与你的儿子之间的相处不存在同样的什么问题，我建议你问问他们是如何处理你与儿子之间的问题的。这样做，或许可以从他们的角度出发，看看你到底做错了什么，然后可以根据他们的指点来了解如何处理你的儿子的问题——总之，请他们来指导你，给你一些建议。他们会欣然伸出援手的。

实际上，我敢肯定，孩子的爷爷奶奶和其他家长给你的建议，往往胜过全世界最好的十位儿童心理学家的繁琐理论的指导。

问题：我们的儿子就要四岁了，性格发生了很大的变化。他曾经性格开朗活泼，但现在变得脾气暴躁，我不知道如何让他变回原来的样子。我已经受够了那些他带给我的困扰：莽撞的话语、突发的状况和故意的违抗……请帮帮我！

回答：你可以使用我的一种方法，马上就能将他的劣势行径遏制在萌芽中。这个方法是我独创的，非常有效，并且极易操作，还能确保成功。一切的一切，只不过是三张纸。

设计一个关于你儿子的“三大错误行为”（也可以是五大错误行为，但不要再多了）的“图片列表”。这一个图表应该包括图形化的描述，描述的内容通常包括：当你让他做一些事情的时候，他说不；他怒视着你；他叫你“猪头”（或者另外哪种动物）……将这贴在冰箱上。然后,用彩色的纸剪三张纸用,并且用带有磁性的夹子固定在冰箱上。

其次,选择一个合适的地方对孩子进行隔离,比如餐厅的椅子、楼下的浴室——这个地方必须独立、安全,并且很无聊。买一个厨房定时器,将它放在隔离区里。

从现在开始,你儿子的每一天都要从夹子上这三张卡片开始。如果他因为图表上列出的某个不端正的行为而发脾气,你就说:“图表中有一项是对我怒目而视的。你这样做的结果是,浪费了一张长条,并招致五分钟的隔离时间。”说完,将那张卡片拿下来,并将孩子领进隔离区,打开你的计时器。只有等计时器发出响声的时候,他才可以站起来。然而,一旦他在同一天内失去了全部的三张卡片,他就必须在自己的房间里度过这一天剩下的时光,并且至少提前一个小时上床睡觉(这对于一个四岁的孩子来说绝不算过分)。他可以走出他的房间洗澡,跟家人一起吃饭(如果他表现良好),也可以和父母一起去需要去的地方。但是,只要回到家里,他就只能待在自己的房间里。

现在,这个计划表中最重要的因素,是坚持。只有冷静实施,一系列的措施才会起作用。如果你中途放弃了,转而反反复复去给予孩子提醒、威胁、警告以及重新再来的机会,你倒不如将所有的卡片撕成碎片,把计时器扔掉,然后在接下来的十四年里心安理得地跟一个小坏蛋生活在一个屋檐下。即使他不会时时刻刻把污言秽语挂在嘴边上,但只要稍有不如意,他就会突然说:“该死的!”

问题:我正在照顾一个近四岁的男孩,他的父母都忙于各自的工作。这个孩子有一个习惯,当他感到焦虑不安时,他就会不停地咒骂,至于他为什么会这样做,他的父母也没有答案。他的父母

说他们跟孩子谈过有关语言使用的问题，但情况仍旧在不断恶化。他的父母允许我惩罚他，但我不知道应该具体使用什么方法。你有什么建议呢？

回答：如你所知，一个孩子不会在真空中获得这类词汇。他是在模仿成年人，或者年龄大一点的孩子，或者电视节目上某些人的口吻。从你的提问可以看出，这种极坏的影响大概不是源于你。那么，他的父母就应该对原因心知肚明——我不认为他们已经对你完全坦白。在这一前提下，当这个小家伙渐渐长大，不再需要你的贴身照料，到时候任何人都将对他的不良习惯束手无策。也许你可以给他的父母一些建议（不用暗示他们，其实他们就是这个棘手问题的制造者），请他们尽一切努力去找出这种语言习惯的源头，并把这个坏习惯遏制在摇篮里。

在你照顾孩子的日子里，我建议使用“开处罚单”的方式——这实际上是一种委婉的惩罚。

使用带有磁性的夹子，在冰箱上固定三张矩形的彩色的卡片。此后，只要小家伙一骂人，就告诉他：你已经失去了一张卡片，所以必须独自在隔离区坐十分钟；第二次，他失去第二张卡片并且要坐二十分钟；如果第三次发生这种事，他就会失去最后一张卡片，而且必须忍受三十分钟的隔离。

但这还不是全部。每张失去的卡片都对应着取消他在家中的一项权利，这项权利可能正是他最期望去做的事情。例如，失去了第一张卡片，可能意味着他失去到外面玩儿的权利；失去第二张卡片，可能代表不许看电视；而失去第三张卡片则可能代表他必须比正常的睡觉时间更早上床休息。如果他在同一天中失去了三张卡片（一开始很可能会出现这种情况），那么，回家后，他既不能在外面玩，也不能看任何的电视节目，除此之外，他还必须提前一个小时上床睡觉。将几种不同的惩罚方式组合起来，使惩罚的效率有了相应的提高。如果你和他的父母能够坚持运用这一方法的话，那么，我保证他很快就能养成一种文明礼貌的语言习惯。

但是，若想彻底纠正孩子的这个问题，仍旧需要父母在平时的家庭对话中注意自己的用语，以消除对孩子的不利影响。

问题：我们的女儿已经快九岁了，大多数情况下，她是一个好孩子。然而，最近发生了一点小状况——她向我们撒谎了。昨天，我问她："你在嚼口香糖吗？"尽管这很明显，但她还是拒绝承认。我们反反复复问了好几次，她才终于承认了，把口香糖吐了出来。更麻烦的是，她好像越来越爱说谎了，这让我们很担心。她为什么要这样做？有没有什么方法能将这种现象彻底改正？

回答：的确，你的女儿在骗你，因为你明明已经知道答案，可还是纠缠着提问。在这种猫捉老鼠的游戏中，总是老鼠在设定基本的规则。她偷走了奶酪（真理）之后转而嘲笑你，你便开始在家中追逐她。尽管你最终总会追上她并拿走奶酪，但这游戏还是很刺激，像各种各样的赌博一样让人上瘾。

将这种现象彻底改正的方法，源于一句格言："不要问他们任何问题，他们就不会告诉你任何谎言。"不要问一个你已经知道答案的问题，而是做一个陈述性的说明，并直接发布具有权威性的命令。如果确定你的女儿正在嚼口香糖，那么不要问她"是"或"否"，而是直接说："不要嚼口香糖，把它吐掉。"掌握了主动权之后，你就能一直拥有奶酪。既能在游戏中立于不败，又能消除孩子撒谎的癖好。

问题：我十三岁的儿子总是直到最后一刻才开始做功课。他没

有一套合理的作息时间，除了晚上九点之前必须上床睡觉。不管他有多少作业或者在第二天是否有考试，他都不愿打开书看一眼。关于学习跟成绩的重要性，我已经跟他说过好多次了，可他还是不能认真学习和做作业，这让我感到很沮丧。但他说自己的成绩很好（大多数情况下是B，有时也会得A），所以，在学习上，我是否应该让他自己做决定？这快让我发疯了！我需要做些什么，才能让他好好做功课呢？

答案：很显然，你儿子并不存在什么问题。同样，我也不能为你解决这个不存在的问题。对，我不会为你解决这个问题。我赞同你的儿子的做法——应该允许他做这个决定。我觉得你在给自己找麻烦，对人对己都毫无意义。

正如我在我的书《青少年实验》中指出的那样，善意的父母经常犯的错误就是事必躬亲地看守着孩子，成为十几岁的孩子身上最大的负担。你可能曾经不得不对一个小婴儿进行事无巨细的照顾和看管，你也可能能够很好地管教一个在上幼儿园的儿童，但是，你不能这样管教一个十几岁的孩子，他们制造的麻烦远比你能解决的麻烦要更多。实际上，更进一步说，试图事无巨细、事必躬亲地管教一个十几岁的孩子，是注定要失败的，并且很可能还会引发其他更多的问题。

当你觉得儿子做作业没有计划性且不认真的时候，你很希望他能在固定的时间认真地完成作业——难道你真的认为，这样做，他就会得到更好的成绩吗？我认为，如果你非要强迫他在每个下午或晚上，在你锐利目光的监督下做作业，那很可能使他在仓促中把作业敷衍完成，这样他的成绩反而会下降。为什么？因为你给了他一个很好的机会来证明你错了。

父母需要做的，不要逼孩子在他们认为正确的时间地点做作业，而是让他学会如何支配自己的时间。你的工作不是为他管理时间，而是证明不同的选择会导致不同的结果。正确的选择会产生良好的结果（更好的成绩，更多的自由），而错误的选择则会导致不良的后果（成绩差，自由受到限制）。目前，他的成绩是没有问题的，但等他进入高中和大学之后，可能会产生一些问题，这就给了你成为现实的代理人的机会。但现在，卸下你肩膀上的负荷，并找到一个更有建设性的渠道来释放你善意的能量吧。

问题：我十四岁的女儿快让我发狂了！每一次我不让她做某件事，或者不给她买她想要的东西时，她就开始跟我理论，她总是想自己说了算。我一再解释，已经把道理说得很明白了。我甚至试图让她让步，但那对她来说完全没有效果。只有我的退让才能让她安静下来。除了在未来的四年里把她送到寄宿学校以外，有没有其他的解决办法？

回答：在解决这个问题之前，你必须从逃避中走出来，承认是你，而不是你的女儿，创造了这个烂摊子。不是她的荷尔蒙，或者她的年龄，或者她先天的顽固，抑或是她的意志力促成了这些争论。相反，是你善意的解释造成今天的局面。你不能责怪她利用了你为她创造出来的机会。

这种情况是否能结束，取决于你的女儿——是的。只有当对方能站在你的角度思考问题的时候，你才可能说了算。由于你的女儿（孩子）的观点，与你（成人的）的观点发生了矛盾，所以你的话对她不起作用。此外，你女儿曾经对你所做的任何一个解释表示过认同吗？没有，她永远都不会赞同你。事实上，如果孩子不喜欢父母的某个决定，她也一定不会喜欢父母对此所做的解释。

因此，你需要从“圣雄”甘地的著作《养育子女的阻力最小的

路径》中得到启发，学会让你的女儿说了算。① 同样，这里还有一种需要分步骤实施的方法：

第 1 步：当你的女儿不喜欢你做的某项决定并要求你做出解释的时候，给她一个不超过十个字的简短解释，比如："你年纪太小，这不适合你。"

第 2 步：当她用嘲笑、尖叫、漠视……或者以其他任何方式来表达对你的解释的否定时，你就同意她的观点，并说："哦，当然，如果我在你的年龄，我也会这样认为。是的，我记得当我的母亲给我这样的解释的时候，我也有同样的想法。你和我很像，亲爱的女儿。"

第 3 步：第 1 步和第 2 步完成后，立即离开。我称之为"拉向权力斗争"。你只需迅速离开那里，让你女儿自己去承担冲突的后果。

第 4 步：如果她跟在你身后想要继续纠缠你，那你就说："的确，我也曾这样纠缠过我的母亲，但是我母亲不会因此就改变主意的。我和我的母亲很像，就像你和我很像一样。"然后，重复第 3 步。

这种方法能让孩子的心理堡垒轰然倒塌。毕竟，这比让你自己情绪崩溃要好多了。

问题：我们十六岁儿子的房间总是像个猪圈。衣服、光碟、电子设备、杂志以及其他各式各样的私人物品散落四处。如果哪天居然发现他的床变得整洁了，那肯定是我整理的；如果他的衣服突

---

①甘地：(1869—1948)，印度爱国主义者反抗英国殖民统治运动的领导人，被认为是印度之父。

然叠放得整整齐齐,那肯定是我收拾的。当我向他抱怨的时候,他就会反驳我:“这是我的房间,我想怎么样就怎么样。”他还指出,他房间的门几乎总是锁着的,他不知道我用什么办法进了他房间——这确实是事实,但同时也暴露了一个问题,即他不再发挥一名家庭成员的作用。请告诉我,我该怎么办!

回答:这种“这是我的房间”之类的话纯粹是一派胡言。他住的那间房间无论如何都不是他的,而是父母的财产,父母为住宅支付抵押贷款、保险以及购买那间房间中的所有的东西,这些事实都能说明,父母才是房子的主人。如果哪天不巧一位家庭来客在那间房屋里摔倒并受了伤,承担法律责任的是父母,而不是你那天真、自私的十六岁的儿子。

同样,他吃饭时坐的那把椅子也不是他的椅子,不能让他为所欲为,不是吗?不公平的资本主义制度为他们提供了奢华的生活环境,但哪怕他要控诉这一不公,他就能为所欲为地将其粉成碎片吗?对你儿子那仿佛义正词严的说辞,我还可以举出很多反例,但我敢肯定你已经明白了我的意思。

你儿子没有占有房间的权利。然而,他有整理房间的义务,并且他应该将他的房间整理得与你在家中建立的整体卫生标准相一致,必须通过这样的方式来规范他,让他承担起一个家庭成员的责任。无论他是否同意——那都无关紧要。

你也许会说:“可是,约翰,我已经竭尽所能来让他保持房间的整洁有序,但都不起作用。”

你显然没有对他提出严厉的警告,并将你已经决定实施的惩罚措施告诉他。如果你做到过以上这些,就不会向我提出这个问题了,因为一旦你这样做了,这个问题很快就会得到解决。

严厉的警告应该是这样的:"我们允许你使用房间,但我们将不能容忍你把房间折腾得乱七八糟。从现在开始的每天早上,你都必须整理床铺,把衣服放在合适的地方,保持地面清洁,维护一个清洁有序的生活环境。如果你能够做到,我们会继续对你所习惯的方式提供支持,以此来奖励你;如果你拒绝这样做,那这种'好事'可就没有了。"

惩罚措施是这样的:"具体说来,每一次你的房间出现任何形式的凌乱,我们就会切断你的网络,并暂停你一个星期的驾驶权。要想重新获得这些权利,你必须连续七天保持你的房间干净整洁,把衣服收拾好,并且每天都整理床铺。下一次违规也将会导致相同的惩罚后果,而且惩罚时间要延长到两个星期。此后的每一次因违规而受的惩罚,都要延续一个月的时间。有问题吗?"

严厉的警告通常要与严厉的惩罚相结合,才会为他敲响警钟。如果正确地使用这个方法,那么差不多在惩罚他两次之后,他就会面对这个现实,开始学习并掌握正常有序的生活习惯。

这是一个我称之为"教父原则"的例子——为了激励叛逆的孩子,我们必须让他们无法拒绝。对此我非常感激一个现在已经去世的西西里教父哲学家堂·克里昂(Don Corlenon)。

问题:我十九岁上大学的儿子正在家里过暑假。他经常出去与朋友喝酒,还总是酒后驾车。我们已经跟他谈过这件事,告诉儿子,当他喝醉了的时候,应该选择一个保持清醒的人作为司机,负责开车把他送回家;同样的情况下,他也可以给我们打电话,让我们去接他。可他坚持说自己喝得不多,根本不会影响他开车——很显然,我们夫妻俩并不这么想。我们可以做些什么呢?

回答:哦,这是家长问过我的最简单的问题之一!我先假定一个十九岁的人在驾驶的时候是上了保险的。因此，如果他因为开车出现问题而被拘禁（无论他认为与酒精是否有关）——或者更糟，因酒后驾驶导致一场车祸——承担责任的将会是你儿子本人。你儿子会被起诉，保险公司也会被起诉。并且如果你儿子的承保范围不够，作为父亲，你也会被起诉。无论是哪种情况，你儿子委托的保险公司很可能会像扔掉一个烫手的山芋一样把他甩掉。

很显然，你儿子是很聪明，但他仍然处于青春期的混乱中(AID)。就像很多其他典型的青少年一样，他认为自己对疾病有免疫力，因此不会受到伤害。这种免疫力坚不可摧，长久有效，无处不在。因此，与他对此问题所进行的谈话，除了会让你脸色变得难看，让你生气以外，不会产生任何其他效果。你没能让儿子知道，他的行为是不合理、冒风险地。他只会认为你的关心反映了父母一贯的过度保护。你无法说服他，无法让他认识到自己的行为其实存在很大的风险。在他看来，你只是典型的神经过敏罢了。他很可能会说些打发你离开的话。因此，不要跟他谈话，而是做些实际的事情。这里给你一些选择：

1. 不要再给你的儿子买保险，并告诉他：如果他想跳舞，就必须要付给伴奏乐队报酬；同理，他也应该这样看待自己的保险。一个简单的事实是：一个孩子（很显然，你的儿子仍然是一个孩子）对他自己付出心血的事情才会更加关心。他还没有工作吗？那太糟糕了。或许他需要重新考虑一下，对于他，到底什么最重要。

2. 如果你是他开的那辆车的所有者，就把车卖掉。事先不要与他讨论或提出警告，就是直接把它卖掉。

3. 将他完全从父母的控制中解放出来，让他获得自由权，这也意味着你同时完成了第一个选择。

4. 下一次你的儿子再跟他的好朋友出去，在他要回家之前，请一名警察在家里等着他。就说警察要进行一项酒精测试，如果结果是阳性，你儿子就会因为酒后驾驶而被逮捕。当他问为什么的时候，告诉他，你不会包庇和纵容危险的犯罪行为——就是这么回事。

5. 如果这些建议你都不喜欢——换句话说，如果你就是不能放下对儿子的溺爱——那么只好求助于其他方式解决问题，比如许愿，比如祈祷。

问题：我的两个儿子分别七岁和四岁。当他们同龄的堂兄们来我家的时候，几个孩子都去地下室玩。可每次还不到半个小时，我的小儿子就会跑到楼上来哭，说哥哥们总是欺负他，不带他玩游戏。他打小报告的行为，导致其他几个哥哥要联合起来对付他。而我自己每半个小时就不得不到地下室一次，解决他们之间的矛盾。我希望能一次性地解决所有的问题。你有什么建议呢？

回答：你绝对是正确的。一次次解决单次的冲突是无法从根本上解决这个问题的。事实上，正像你意识到的那样，即使累积解决 1,358,495 次这样的争论，也无法从根本上解决问题。你甘于充当调解人的角色，只会使得局势进一步恶化。不知不觉中，你对小儿子的另眼相看，必将导致其他男孩对你小儿子的怨恨，并想方设法地再次报复他。他们实施自己的报复计划，你的小儿子就会哭起来，你就不得不再一次帮助他，再次让另外几个男孩产生反感情绪……事情就这样恶性循环下去，只是时间的问题。

一些专家可能会告诉你，你可以忽略这一切。但这是不现实的，你不能忽视这种现象。事实上，我跟你一样生气。其他一些专家可能会说：“让他们自己解决。”但我不会这样说。孩子们可能需要花上几年时间来解决这样一个问题。在这期间，你会疲于奔命地四处救火，帮助孩子们解决层出不穷的问题。

帮助他们的秘诀在于将这个问题的情感负担从你身上转移到你儿子身上。可以这么说，这是问题的根源。将他们的几个堂兄排除在外——他们只是你家的客人。

下面是给你的建议：下一次他们的堂兄再过来玩的时候，只让你的一个儿子到地下室跟他们玩，用抛硬币的方式决定这次是谁去。

你可以这样说："很明显，要想不产生问题，你们两个就不能同时都去地下室和堂兄玩。我已经厌倦了这种令人懊恼的情形了，而且我厌倦了听你们哭诉，所以今天你们中间只有一个能下去跟堂兄们玩。这种方式将会持续一段时间。今天，我要用抛硬币来决定谁可以下去玩。等下一次堂兄过来玩的时候，今天下楼玩的人就要留在楼上。你们准备好了吗？抛到正面是下去玩，反面是留在这里，开始！"

好了！问题解决了。如果天气足够好的话，还可以让他们到外面去玩——同样，就只让赢了抛硬币比赛的那个儿子跟堂兄们到外面玩。这将会使得两个男孩变得非常积极地想解决他们之间的矛盾。当你的每一个儿子经历了两次强迫性的排斥后，在他们的堂兄来之前问他们："今天我是否需要留你们其中一个在楼上？"我不必告诉你答案会是什么。

让他们两个一起跟堂兄玩耍，直到老问题又再次出现。这一次，遭到排挤的那个孩子就必须暂时与人群分开。

这种策略能强迫这些孩子自己去解决你不能解决的问题。但在你的儿子具备解决这个问题的能力之前，你必须先让他们意识到问题的严重性。

家庭教育的基本法则之三

尊重他人，而不是自视甚高

温柔的人有福了，因为他们必承受地土。

——《马太福音》5:5

每次我去阿拉巴马州的一所小学做演讲，一走进空荡荡的休息室，我总是禁不住望向一条悬在镜子上的电脑制作的标语，上面是手工上色的大字：

现在你正望着的，是全世界最特别的人之一！

我知道这句话里最特别的那个人不只是我。我认为，这句标语代表了学校校长和老师的期望——他们希望在校的每一个孩子都相信，自己就是那个特别的人。站在这样的标语面前，没有人会否定标语背后的美好初衷。然而，问题的关键在于，这并不是事实。事实是，没有人是"特别"的。每一个人都有许多缺点，而这些缺点会很大程度上阻碍这个人的行动。这些缺点很容易导致人向以自我为中心的本性屈服，为自己的愤怒、嫉妒、贪婪、自私自利等人性的阴暗面辩护。控制自己的坏脾气绝对不是件容易做到的事。合格的父母知道怎样将博大的爱与严格的惩罚结合起来，以督促孩子不断努力，去获得成功。最重要的是，优秀的父母会通过赋予孩子强烈的社会责任感来缓和孩子的自我为中心。孩子能够建立自尊自重的意识，是父母引导他们去尊重别人的结果，而只是因为父母告诉他：你很特殊。

你觉得你的孩子特殊吗？答案当然是肯定的。每对父母都觉得自己的孩子很特殊，并且试图让孩子相信自己本来就与他人不同，就好像苹果和椰子是完全不同的一样。实际上，如果有父母觉得自己的孩子不独特，那反倒不正常了。然而，要注意的是，"你对我来说很特殊"与"你是世界上最特别的人之一"相差甚远。

如果孩子被告知他很有能力，能做大事，那么他自然就会独立克服困难，更好地应对挑战吗？答案是肯定的。但是这并不等同于该让孩子觉得自己高人一等。自我感觉很特殊的孩子会认为自己应该轻易得到他想要的东西，得到特殊的待遇，理所应当地站在队列最前方，拥有最高级的自行车等等。换一个角度——孩子该为自己取得的好成绩感到骄傲对吗？是的，这值得骄傲，但绝不等于"高傲"——无功却自大。只有本身很谦卑的人，才有最真切的自豪感。进一步说，即真正的骄傲不是与生俱来的，而要依托于具体的成绩。

那条标语的内容违背了孩子的最大利益。父母们都有相同的愿望，希望将来自己的孩子能成为社会上的风云人物，魅力四射。那么，试想一下：一个成年人会希望自己跻身于"世界上最特殊的人"的行列中吗？当然不会！有人甚至认为自我标榜"特殊"的人是最令人讨厌的。那么，为什么美国的父母们却非要鼓励孩子们去相信自己很特殊呢？

20 世纪 60 年代初，育儿专家告诉家长，要注意培养孩子的"自尊"。在过去的 26 年里，我经常在辛迪加报纸写专栏批评这个观点。每当我写到这个话题，就会有人给我回信，说我误解了"自尊"的含义。他们指出，真正的自尊实际上是以成绩为基础的一种自我价值的体现，也就是我之前所说的"真正的骄傲"。我明白他们的观点，但关于自尊的含义，关键还是取决于每个个体。

如果我们讨论的不单单是哪个人，而是这个人取得的成就，那么就不要用“self－esteem”这个词，毕竟，“esteem”有“尊敬”的意味。

在这里，我们不用必须去发明一个新的术语来描述“自尊”，因为“责任”(responsible)这个词已经胜过千言万语。其实，只要成年人能够教育孩子懂得“责任”的含义：有同情心、尊重他人(社会的责任)、尽职尽责(工作责任)、慎独——即使没有人注意，也要去做正确的事(自我负责)……那么世界就会不断进步。

父母只要严格遵循下面五条抚养子女的传统原则，就能培养出优秀的孩子：

1. 表扬孩子的行为而不是孩子自己。三十年前，《孩子：挑战》的作者，鲁道夫·瑞可斯警告父母不要使用“评价式表扬”，因为这种表扬针对的是孩子，而不是具体的成绩。“你是个很棒的小孩”对孩子的自我认知所造成的伤害甚至无异于对孩子说“你是个很顽劣的小孩”。所以，父母和老师如果想表达自己的真正意愿，就应该说：“这件事你做得很好，你应该为此感到自豪。”

2. 谨慎的表扬。过于频繁和过度热情的表扬，都会给孩子造成强烈的依赖心理。孩子会据此不断地索要父母的赞美，似乎只有这样，才能确保自己正在做的是一件正确的事情。这样的孩子，通常就是接受了过多的、毫无根据的表扬，并且沉溺于此。孩子已经没有安全感了，因为只有当大人表扬他时，他才觉得安全。然而，这又不同于因为从未受到过父母表扬，从而不确定父母是否爱自己的那种不安全感——得不到赞扬的孩子，自然而然已经不去期待赞扬。

3. 让你的孩子们明白，他们应该也能够独立自主，而不是一直依赖于父母。父母只为孩子做他们自己做不到的事，并且要注意一点:孩子们通常会低估自己的能力,他们的哭喊求救常常只是应对挫折的本能反应。发现并放大孩子的闪光点是父母的职责,而最简单、直接的方式就是对孩子说“不”。学会独立自主并不是一件容易的事,实际上,只有那些曾经真正做到这一点的人,才有能力毫不畏惧地面对生活中的挫败。

4. 让孩子懂得“有因必有果”的道理。当孩子表现不好时,一定要惩罚他,以此让他明白,每个人都必须为自己的错误付出代价,所以不能为所欲为。换句话说:当孩子做错了事,他的自我感觉理应很糟糕,良心——最终的行为“统治者”,就是这么形成的。相反的,如果你的孩子表现很好,那么就用适当的表扬认可孩子的成绩。不需要额外的奖励或过度的赞扬,只要给予孩子“你做得很好,我为你感到骄傲”这样简单的鼓励就好。

5. 教孩子懂礼貌。在教他们说“请”、“谢谢”、“对不起”以及学着不去打断别人的谈话等等礼节的过程中,孩子将慢慢学会洞察别人的情绪,这样就不会不尊重他人了。

在抚养子女时,父母必须强调谦逊的重要性。毕竟,没有什么比自大更可憎,也没有什么比尊重他人的谦谦风度更加迷人。

“高度自尊是正确的”这一观点已经给我们的文化带来了不可估量的损失。最近的一项研究结果验证了我的观点:

在最近的一次国际学术竞赛中,美国的高中生稳居倒数第一。然而,他们相信自己真的已经做得很棒了;与之相反的,则是名列前茅的韩国学生却觉得自己做得并不好。我们可以看出,自视太高对于成绩的获得可能形成阻碍,而不是正面的助推力。同样,自视太高会让人陷入对成就的空想,谦虚却可以让人脚踏实地,取得更高的成就。

在研究了孩子高度自尊之后，最近两位心理研究学家得出结论，那些没有取得真正成就就自我膨胀的孩子们，在本来不确定的自我形象受到威胁时，就会变得好斗甚至非常暴力。与之前的研究结果相符，研究者已经证实，在最高级别的监狱长期服刑的暴力分子比守法公民的平均自尊指数更高。

因此，专家所说的“高度自尊会督促人取得好成绩”这一观点是错误的。事实上，科学研究是最有说服力的：谦卑温顺、健康谦虚的人，不仅可敬可爱，具有良好的职业道德，更是富有社会同情心的楷模。简而言之，如果你需要帮助，那么他们将是最可能给予你帮助的人。

我鼓励那些坚持奥巴马优秀原则的小学能换掉“你最特别”的标语，以“今天，请为别人做一些特别的事，仅仅因为你应该这样做”取而代之。

强烈的自尊心

谁的自尊心更强呢？是“圣雄”甘地(Mahatma Gandhi)还是阿道夫·希特勒(Adof Hitler)？克伦拜恩高中1999级的毕业演讲人，和在同年四月份杀害了一位教师、十二名学生的两名凶手相比，谁的自尊心更强呢？阿尔伯特·爱因斯坦和阿道夫·艾希曼相比呢？大力水手和布鲁托相比呢？

对于每一对用以作比较的人选，如果你都选择了前者，你就错了。在每两个“对手”中，不是那个“好人”，而恰恰是那个“坏人”受强烈自尊心的影响更大。罗伊·鲍麦斯特博士是供职于佛罗里达州立大学的社会学家，他已经从事了十年关于侵略行为与自尊之间关系的研究。他所写的文章《强烈的自尊心》，于 2001 年 4 月 1 日刊登在《科学的美国人》上。这篇文章应该让美国每所学校的董事会成员、校长、老师、治疗师以及父母们好好读一读。鲍麦斯特博士的发现完全打破了主宰美国育儿和教育超过二十五年的“自尊心神话”，并阐明自己的观点：如果父母和老师加强谦逊的教育，美国孩子的表现将更优秀，暴力事件的发生率也会降低。

鲍麦斯特博士说，在遭到批评或受到侮辱，或有人阻碍其满足需要的时候，自尊心强的人很可能会用侵略性的行为作为回应。

那么，难道不是一个人对自己的评价越高，就越尊重别人吗？难道自我感觉良好的社会精英的人不该比自我感觉卑微的人更有社会责任感吗？难道一所反复告知学生“你们一无所有，必须通过自身的不断努力才能获得成功”的学校，会比那些学生一毕业就被寄予厚望，很少批评学生的学校做得更好？目前，这种泛化的推断只适用于那些宗教教派支持的学校——一般来说，也是美国最安全的学校。

鲍麦斯特明确指出，自尊心本身无可厚非，这是一个人将自己遭遇的挑战和不幸综合在一起而形成的感受（我称之为自我胜任感）；而他的警告，则主要针对于那些无条件地给予孩子表扬和奖励的家长和老师——即不论功过的行为对孩子的自尊心的强化。不幸的是，现在的孩子往往更多的受到后一种“自尊心”的影响。

骄傲使人落后。鲍麦斯特博士的研究表明，最终遭受失败的通常正是那些曾经十分骄傲的人。

根据发表在 2001 年 11 月的《人格与社会心理学评论》中的

调查表明，在过去的30年中，美国青少年的自尊程度呈不断增长的态势，但他们取得的成绩却呈下降的趋势。大多数美国青少年因骄傲自满而产生的自尊，并不是基于对自己的优点和缺点的客观估计，因此，这种自尊不会激发他们去创造一番成就——所以，无条件地、不加批判地接受孩子的所作所为，只会导致孩子的平庸。

圣地亚哥州立大学的吉恩·特温吉教授，在接受路透社采访的时候认为，美国的公立大学要对这种虚妄自尊负很大责任。美国的公立大学通常禁止老师向学生（包括成绩差的学生）传达任何消极的（即批判性的）信息，并且常常鼓励学生反复对自己说“无论如何我都很特别”之类的话。“孩子们应该受到称赞，”特温吉教授说，“但只有基于事实的表扬才是适当的。”

赞美本身不会激发好成绩。较高的期望值与准确、正面的意见相结合，才会产生积极的自我评价，让自己有信心、有能力去接受挑战。我们应该明白，一个能力强的人往往更喜欢积极向上的感觉。一个已经证明了自己能力的人，会想去寻找更多机会来重复体验这种感觉。

但问题是，正如研究所表明的，在过去30多年的时间里，美国的学校对学生的期望值明显降低。同时，他们加强了对学生进行正面支持的力度。事实上，低期望值与不准确的正面评价（即无条件的赞美，夸大成绩）只会造就更差的成绩和更强的自尊。根据特温吉所说，强烈的自尊和虚假的、正面的自我评估相叠加，会导致孩子对生活和自己非常失望。

更严重的问题是，这些自视甚高的、不劳而获的孩子，很可能在进入成年后认为整个世界都是为他们设计的永远的福利工程。他们可能期望与雇主享有相同的待遇和社会地位——实际上，一些企业管理人员一直告诉我，这正是普遍存在于年轻员工中的问题。一些自尊心强的年轻员工对生活现实感到十分沮丧；另一些年轻员工甚至试图通过反社会行为（包括偷盗雇主财物）来获得他们认为自己应该获得的东西。

“那么，约翰，”你也许会想，“你认为自尊心不足会更好吗？”

不，事实上，我认为没有自尊会更好。无论是儿童还是成人，没有什么比谦卑、谦虚更具有魅力了。

二十多年来，上一代心理健康专业人士都在呼吁家长和老师培养孩子的高度自尊。他们说，一直希望自尊跟成就有关联——错。他们这样做的目的，其实在于让孩子在即使没有成就的情况下，依然感觉自己是个值得称赞的人。事实上，他们主张，如果一个孩子在某一方面失败了，那么成年人应该假装他已经成功了；如果他行为不端，成年人应该假装没看见，确保他不会因为自己的所作所为而感到不安。专家说，任何形式的处罚都会降低自尊，所以告诉人们家庭是“民主”的，家长们应该为了每一件微不足道的小事而称赞孩子。专家们显然认为，成绩无关紧要。

自尊心强是一个难题。一个两岁的孩子就可以有很强的自尊心——从他出生的那天起，他的父母就围着他转，整个世界都在为他服务，并且这种状况会一直持续下去。他完全有理由相信，他想要的、认为自己值得拥有的一切事物，都可以不择手段地去争取。这无疑是一种犯罪心理——是的，小孩子正是幼小的犯罪分子。他们撒谎、偷窃、打人、撕咬、蔑视权威，很少考虑规则或容忍挫折，并渴望自己的要求能不断得到满足。是的，他们很可爱，但如果继续这样为所欲为下去，那么社会上的罪犯就会增多。

小孩子的高度自尊是一种需要接受治疗的疾病。这绝对不

是一种偏激的想法，并且，最近确实已经有人这样做了——怎么做呢？将强有力的约束力与同样强大的爱心结合起来。

不幸的是，从 19 世纪 60 年代开始，传统的养育子女的方法就中途退出了。接下来，专家建议，美国父母必须停止对自尊心的治疗；相反，应该提升孩子的自尊。该潮流的引领者是美国的公立学校，其主要使命是散布“我觉得自己很特别”的咒语。高度自尊成为美国抚养子女的标准之后，儿童和青少年暴力事件的相关新闻层出不穷，这当然不是一种巧合。

自重 VS“我很特别！”

我经常说，理想的目标应该是自重，而不是自尊。最近，一位研究员说：“喂，约翰，”“我觉得你说话总是拐弯抹角的。你来来回回都在谈论同一件事情。”

这家伙的挑衅反映了一个事实：我们的国家痴迷于找到想象中能治疗高度自尊的灵丹妙药（并确保孩子们大量获得这种药），这已经导致了相关概念的混乱。人们渐渐以为自信、自重和自尊都是一回事。然而，真正的自尊并不是通过获得旁人大量的夸奖来建立的，而是取决于这个人所取得的成就的多寡。

有些人认为，自尊跟成就是直接相关的——毫无疑问，这是一个彻头彻尾的美式观点，因为这意味着那些没有取得可观成就的人就不应该自尊。至于认为自重和自尊是一回事的看法，有研究指出：自尊的人似乎不能准确地评估自己的能力，他们往往认为自己很优秀，能够将一切事情都做好。但自尊可不是在任何事情上都能起到正面作用，而且聪明的人会知道什么情况下自己应该回避,什么时候又应该寻求帮助,这种通晓事理的品质,往往是那些自尊的人所没有的。

自重和自尊的差异是什么呢?在为别人效劳的时候,我们需要前者,你给别人的尊重越多,你就越懂得自重;相反,在别人有求于你的时候,随口赞美你,给你物质奖励,将你看成其内心深处的“君主”的时候,你需要的是自尊。自重的人能感受到自己对别人负有责任;而自尊的人则感觉别人应该对他负责任——他们感觉自己完全有这个资格。自尊会直接导致他对别人粗鲁、无礼,做出一些反社会的行为——说谎、欺凌弱小、乱发脾气,甚至做出其他更糟的事情。听起来有些像孩子的行为,是不是?或许是某些大人的行为?

自尊与自重也绝不止是一字之差。它们之间的差异会衍生出两种完全不同类型的人,进而衍生出两种完全不同类型的文化。如果你曾经到国外旅行过,那么你就会明白我的意思了。

外国的孩子

2003 年 10 月,当我满满的日程表上出现一个空闲时间段的时候,威丽和我利用这个机会去了趟伦敦。我们参观了国家美术馆和大英博物馆,坐上了世界最高的摩天轮,在哈罗兹购物,在高档餐厅吃饭……这些年加在一起也没走过这么多路。伦敦是一个十分美丽的地方,在那里,我们度过了一段美好的时光。

第一天早上,我一边打开《伦敦时报》,一边享用着咖啡和燕麦烤饼。读着《伦敦时报》的附录,我立刻被一篇题为《我们的孩子已经失去控制》的文章所吸引。看起来,很多的英国保姆是从

东欧来的，而这些保姆认为自己正在照顾的是一些不讨人喜欢的、不懂得尊重他人且不听话的、乳臭未干的小孩。

因此，我做好了亲眼目睹这种情况的准备。在接下来六天多的时间里，威丽和我跟各种各样的孩子相处过。我们没有看到哪个孩子有任何明显的不当行为；我们一次也没有听到哪个孩子用强制、蔑视的语气与他们的父母对话；我们从来没有看到哪个孩子，哪怕是很小的幼儿，在商店里发脾气。哪里有什么“失去控制的”孩子？我认为爱因斯坦的理论是正确的——一切都是相对的。

下午1点钟，威丽和我从赛尔弗里奇百货公司（Selfridges department store）出去，走上了人头攒动的牛津大街（Oxford Street）。[1] 在拥挤的人行道上，我无意中撞在了一个六七岁的小女孩身上，她正和一个成年男人手牵着手，我想那是她爸爸。我曾经在拥挤的地方撞到过美国小孩，他们通常会抬起头，用愤怒的目光注视你。如果我没有记错，我最后一次从一个美国小孩口中听到“对不起”三个字，已经是1983年的事了。

这对父女回到家之后可能会谈起美国的游客是多么粗鲁。但当时这个可爱的英国小女孩只是抬起头看着我，毫不犹豫地说：“对不起。”然后她和她的父亲就消失在人群中了。

一天晚上，威丽和我在看《妈妈咪呀》音乐剧。从剧场出来的时候，我们两个都不知道酒店的方向，而目之所及的每一辆出租车上都已经坐上了人。在离剧场两个街区远的地方，我停下来向

---

①Oxford Street：牛津街是英国最繁华的购物街，伦敦西区购物的中心，每年可吸引来自全球的3千万游客到此观光购物。在牛津街长1.25英里的街道上，云集着超过300家的世界大型商场。

一群青少年问路，他们看起来有些“庞克(punkish)”。[①] 他们非常热心，也非常有礼貌，很快，他们就判断出我们俩是美国人。

英国的父母们并没有让孩子失去控制。走在海德公园里，威丽和我碰到几队小学生在进行足球比赛。他们穿着制服，比赛看起来十分激烈。然而——让我强调一下——这些比赛都在放学后的傍晚时分进行。每场比赛都只有不到五个成年人参加，大多数是教练和裁判员，而且他们看起来似乎对比赛并不感兴趣。

有一段时间，美国父母并没有对孩子失去控制。1959 年，我唯一一次参加少年棒球联合会，参加这次比赛的成年人只有一个教练员和一个裁判员，因此，这是一场有趣的比赛。我确信现在的孩子体会不到当时的乐趣——成年人在球场边线注视着我们，并为我们尖叫呐喊，是一件多么有趣的事情！

《伦敦时报》搞错了。很多来自东欧的人都认为，他们那里的传统大家庭仍然是一种典范。我敢肯定，英国的儿童，特别是诞生于能请得起保姆的家庭的儿童，的确存在“失去控制”的情况。但是，从美国人养育子女的角度看，这种典型的英国儿童简直是太听话了。

被宠坏的孩子，就是堕落的孩子

2001 年 8 月，我被邀请出现在美国有线电视新闻网(CNN)

---

①Punkish：庞克不是一种流行，不是一种特定的服饰，也不是反叛父母亲的暂时现象，更不是最新最酷的时尚，或一种特定的音乐风格、形式，它是一种导引并驱动生活的观念。

的对话现场，谈话的主题是“被宠坏的美国孩子”。那个月的早些时候《时代周刊》杂志刚刚有一个迟来的发现——美国的孩子在各方面都被给予了太多的东西，因此媒体希望能对这种现象加以扼杀。但是，在这之后不久，人们就又回到了从前的轨道上。换句话说，大家又都觉着美国孩子一切正常，没有什么可担心的了。

让我们面对现实吧——父母阅读类似的文章，观看这些节目后，一定会发出这样的感慨：“哇！居然有这么多家长溺爱他们的孩子，真是太可怕了！”但是他们从来没有意识到这些文章和节目说的其实正是他们自己。

我认为问题出在被“宠坏”(spoiled)的这个词上。它与“堕落”(rotten)同义，都指一种腐败的状态——也就是我们平时所说的“坏掉了”。或许，如果将这个问题重新命名，称之为“道德败坏的”(putrid)，那么家长就会承认是自己的行为导致了这种现象，并愿意修正教育孩子的方式。考虑到这一点，我建议将“被宠坏的孩子”改称为“任性、忘恩负义、要求苛刻、乳臭未干的小孩”。那么问题也就随之变化了：你是否正在抚养一个任性、忘恩负义、要求苛刻、乳臭未干的小孩呢？

如果你在做判断的时候遇到了困难，这里有一个可以迅速显示结论的自我测试——请用“是”或“否”来回答以下每一个问题：

1. 当我给孩子买他想要，但实际上并不实用的东西时(比如一个玩具)，他表现得好像这都是我应该做的一样。

2. 如果我没有做孩子希望我做的事情，他很可能向我哭喊，说我是个坏家长。

3. 我不得不卑躬屈膝、百依百顺地央求我的孩子，我还必须接受一切责任以及他提出的所有条件。

如果你在上面这些问题中的某一个后面选择了“是”，那么你正在抚育的，就是传说中任性、忘恩负义、要求苛刻、乳臭未干的小孩。为什么一个“是”就能对一个孩子下论断？因为一个“是”意味着其他两个问题你也会选择“是”——因为你不会像大多数美国父母那样，过分关注孩子而无视事实。

那么一个任性、忘恩负义、要求苛刻、乳臭未干的小孩应该有什么样的表现呢？我所在的教会最近的时事通讯里有一封来自一个年轻的男子的信，这个男子在教会长大，并在洪都拉斯的一个孤儿院为弱势儿童服务了一年。尽管这个男子来自一个相当富有的家庭，但无论从前还是现在，他都绝对不是一个任性、忘恩负义的小孩。

他写道：

> 第二个吸引我的画面，是我亲眼目睹的：一个孩子在和一只狗争夺一块看起来像是鸡的尸体的东西。孩子得到了它，并贪婪地将它撕裂——我真希望自己可以用语言描绘出这座城市。然而，这个孤儿院则是儿童的天堂。在我的生命中，从来都没有遇到过这么懂得尊重和感恩的孩子，与我（在美国东部的一个小城里）成长过程中目睹的情形相差甚远。这些孩子知道他们是多么的幸运，他们甚至有机会为自己的生活负责——这正是很多美国孩子所缺乏的美好前景。

我相信，每一对美国父母都会说他们的孩子是懂得尊重和感恩的。实际上，这个年轻男子已经确切地指出了培养一个不任性、不忘恩负义的孩子的关键。如果你希望你的孩子懂得感激和尊重，那么不要给予他或她太多。多说“不”，而不是“是”——事

实上，我的建议是，每说 1 个“是”，要“搭配”至少 10 个“不”。如果你这样做了，你的孩子就会成为一个节约、耐心、乐于为他人服务的榜样。在某种意义上说，为他人服务比为这些孩子本身服务更容易给孩子留下深刻的印象。所以，让你的孩子与孤儿院的孩子们在一起，一起喂猪、铲粪、拔草……一直到吃晚饭的时候。这时，他们便会主动低下头祷告，感谢主对他们生活的每一个小小的赐福。

我们的生活真是丰富多彩啊。

问题

问题：我的女儿快七岁了。她不是一个十分善于交际的孩子，只有三、四个朋友。过生日的时候，她只想邀请她喜欢的四位小朋友，但我坚持认为她还应该邀请三个我同事的孩子，虽然这三个小朋友跟我女儿并不熟。因为我知道，如果这三个孩子碰巧听说了生日聚会的事，却没有接到我们的邀请，他们以及他们妈妈的情绪一定会受到影响。可女儿不听我的解释，只表示自己绝对不会邀请这三个孩子。于是，我让她做一个选择：要么邀请他们三个一起过生日，要么取消生日聚会。她马上回答：“那就取消聚会吧，谢谢你。”我做得对吗？在生日聚会邀请名单这个问题上，我是否不应该干预她的决定？

回答：是的，你做得很正确，我很少这样夸奖别人。一个孩子不应该将生日聚会作为展现其自私、自恋、小心眼的平台。不幸的是，很多家长正在纵容孩子将生日派对变成这种令人生厌的平台。然而，生日庆祝活动恰恰应该是一个人表现自己的感谢、无私、慷慨的时候。你希望你的女儿能够打开她的心扉，而不是相反——毫无疑问，你的决定和做法完全是正确的。显然，是你的女儿做错了。你阐明了你的立场，而你女儿坚持她的想法。如果你试图继续说服她，她也只会更加坚定自己的想法。在这个时候，你可以强制性地宣布你的决定，也可以被迫让步，为了保持长期的威信，你最好坚持自己的做法。

你女儿肯定会坚持她的想法。所以，你也要坚持到底！

问题：我姐姐、姐夫最近为五岁的女儿举办了一个生日宴会，宴会过程中安排了骑小马、“灰姑娘的来访”等环节（“灰姑娘”会送给每个孩子一个魔法礼物），还有一个比我的结婚蛋糕还要精美的生日蛋糕，当然也有其他相当昂贵的礼物——包括一个看起来跟小女孩长得很像的玩具娃娃，以及她人生中的第一枚钻戒。他们甚至还让小女孩坐上奢华的跑车，在城里兜风炫耀……我们五岁的女儿参加了这次生日宴会，现在她认为，在她生日的时候，我们也应该为她举办一个同样奢侈的生日宴会。请问，对此您怎么看？

回答：在给孩子举办生日宴会的问题上，我是一个老古董。从前，孩子的生日派对往往都不会很奢侈——但在孩子自以为是的时候，这种情况就改变了。

过去，孩子所谓的生日宴会大概是这样的：晚餐后，母亲将亲手烤的蛋糕拿上餐桌；住在城里的家庭成员会准时集合起来，一起分享生日蛋糕，齐唱“生日快乐歌”；除此之外，过生日的孩子还会收到几件平平常常的生日礼物。这就是孩子们生日宴会的基本内容。

在朴实无华的生日聚会时代里长大的孩子们，会表现得比现

在的孩子更有礼貌。他们从不认为自己是“聚会”的焦点;因此,这些孩子很懂得尊重别人,待人接物上也会更礼貌得体。朴实无华的生日聚会一定会教会孩子理智地思考问题,今后应付各种状况时都能很快地找到自己的位置。

时代已经改变了。过去,朴实无华是一种美德。一方面,父母不会吹嘘自己的孩子,或者溺爱他们,更不会给他们穿戴奢华的服饰。那时候,大家都认为自以为是不是解决问题的好方法,而是一个需要克服的缺点。然而,如今的父母认为,越能满足孩子的自尊的事物就越好。为一个五岁的孩子举办一个五万美元的生日宴会?!简直是不可思议!

当然,我很赞成给孩子举办朴实无华的家庭生日聚会。如果还有其他孩子被邀请,那就办一个简单点的生日派对,省略来宾送礼物之类的环节。实际上,我觉得过生日的孩子反而应该给每一个参加他生日宴会的人准备一份小礼物,以表达对他们的感谢。除此之外,应该让这个孩子自己支付购买这些礼物的开销——这自然会起到控制被邀请人数的作用。做完游戏后(例如给毛驴安上尾巴或捉迷藏之类),可以将事先准备好的一些健康甜点或其他食品分给孩子们(如果有很多孩子)。

从前的孩子非常喜欢他们朴素的生日聚会。但十分可惜的是,现在的孩子建立了对生日宴会的高期望值。而我听过这样一句话:你并不需要的东西,即使得到,也不会快乐。

问题:我丈夫的姐姐十分聪明,很有魅力,并且十分成功。不幸的是,她非常自恋。有她参与的每一次谈话,最终几乎都会回到她是多么美丽、多么才华横溢这一话题上。她与别人发生冲突的唯一原因,就是对方不认同她的观点。我很担心——因为有人告诉我,我六岁的女儿跟她的姑姑很像。说这话的人,本意是好的

（孩子的姑姑很善于社交，魅力四射），但我的确发现我女儿有点自恋。当她有类似的行为时，我就会给她讲道理，让她道歉。难道她继承了她父亲这一家族的人格特质了吗？此外，说一个六岁的孩子自私、不体谅别人，会不会太严厉了？

回答：你的女儿没有继承她姑姑的自恋。你应该对个性有所区分，这很重要。个性是人天生的模板，而性格则要慢慢往模板中填充。研究显示，人的个性特征可以继承，但性格是无法继承的。实际上，孩子的姑姑很直爽——这属于个性特征，这点可能遗传；但是她以自我为中心——这是性格特征，绝对不会遗传。

塑造一个孩子的性格，需要将强大的爱和同等强大的纪律约束结合在一起。在一个六岁大的孩子身上，这项工作远没有结束。听起来你已经进入了正确的轨道，那不妨就继续吧。

对于你的第二个问题——如果你告诉女儿，她的“自私和不顾及别人的感受”千真万确，绝无谎言，那么这本身并不算很严厉。有时真相会伤害人，但这种伤害也不是不能痊愈。告诉她真相的时候态度严厉则是另外一回事——当你对她说类似的话的时候，记住，要将埋藏在脑海中的话冷静地说出来，而不是气急败坏地吼出来。

问题：我七岁的儿子不能随客观存在体育比赛的失败。赢得一场比赛的时候，他就会沾沾自喜；输了一场比赛的时候，他就会哭泣。我丈夫的整个家族都有这个特点，且绝不仅仅在儿童时期。如果是与同龄人进行体育竞技，他的表现还会更糟。我们在家里玩棋类游戏的时候，一旦他输了，就会哭；而他赢的时候又会取笑我们，和他跟同龄人在一起的时候一样。顺便说一下，我丈夫已经开始注意到他自己也存在这方面的问题了，但他仍然有一段很长的路要走。

回答：如果你的意思是认为儿子继承了这个脾性，那么我对此表示怀疑。大家可能有所不知，现如今，科学尚未完全破解人类行为的遗传密码。事实上，特殊行为特征是通过可靠的遗传机制一代一代传下去这一说法，已经被关于同卵双胞胎的研究所取得的结果推翻了。

你很关注儿子，这非常正确。同龄人绝不会一直容忍你缺乏体育道德的儿子，他的年龄越大，遇到的社会问题就越多。毕竟，缺乏体育道德本身，就是以自我为中心、不尊重他人的表现。七岁的孩子可能还会忍受这种不道德行为，但十岁的孩子就不会忍受了。目前，父母们很可能只将这种行为看成是不成熟的表现，但几年后，这种行为带来的后果将远比他们想象的更严重。

总之，你不能再浪费时间了。假如你的丈夫跟你一样关注这个问题，他就应该与你携手合作，以确保更快速有效地解决问题。我敢肯定，如果你儿子连他父亲的强烈指责都听不进去的话，那你的孤军奋战根本不可能成功。

根据我的经验，而且只有一个有效方法能解决这个问题。在比赛中，只要你的儿子一有沾沾自喜或失落消沉的迹象，他就应该马上离开赛场，不能继续比赛，除非他向每一个人道歉——他的教练、他的队友以及其他参赛队伍的孩子。如果他拒绝这样做，那么你必须把他带回家惩罚，一整天都将他关在他的房间里。不用怀疑，他的教练一定举双手支持你的这种做法。如果比赛过程中不方便让你的儿子向大家道歉，那么，你就直接带他回家——在回归团队训练和参加下一次比赛之前，他必须为自己之前的不良行为道歉。

家庭教育的基本法则之四

礼貌和道德，而不是技能

所以无论何事、你们愿意人怎样待你们、你们也要怎样待人。因为这就是律法和先知的道理。

——《马太福音》7:12

1997 年，美国代顿商会针对各种错综复杂的问题对当地雇主进行了一项调查。当问及他们期望拥有什么样的雇员时，一致认为与具体技能相比——甚至是与重要的电脑技能相比，可贵的综合素质更重要。他们认为，擅长电脑的人才有很多，但品行良好的人却越来越难找了。

我想起了几年前收到的一封回应我专栏文章的信。这封信来自一位女士，她的丈夫是一所技校的著名教授。在信中，她说道：

> 的确，如今学校招收的学生都很有活力、多才多艺，但缺乏应有的素质和自控力也是一个必须要面对的问题，而且非常严重。比如学生的暴力行为，或家长因为孩子在学院体系中必须要“忍受”不公正待遇而打来投诉电话……我不是想用这些反常的事情来吓唬你，比我会讲故事的人有的是。我只是觉得的确有必要好好批评一下我们这代父母，他们把孩子养育成了非常不健全的人，这些家长的眼里除了荣誉什么都没有——我得出这一悲观论断。是有理有据的，绝不是信口开河。

对此，我丈夫的一位好友兼同事做了非常贴切的总结。这个人非常绅士，性情平和且积极乐观。五月的某一天，他一进办公室就长叹了一口气，说："我在这里教了三十七年的书了，但我从没见过这样一群懒惰、自私自利还满口抱怨的人。"

我的母亲独自抚养了十个孩子。她一直在说，人们犯的最大的错误，是忘记了养育的目的不是要培养一个孩子，而是培养一个成年人。随着年龄的增长，我越来越赞同这个观点了。

那些聪明的孩子之所以缺乏个性和自控力，是因为他们的父母忘了应该把孩子培养成成年人，总是把他们当作小孩来养育。而无论经过多么漫长的过程，一个"永远的孩子"也永远不会成为一名成功人士。

今天的父母认为，只有为孩子学习各种技能提供最好的条件(特别是电脑教育)，才算是负责任的父母。事实上，良好的道德教育，才是父母最该给予孩子的。如果你不相信，那么请看另外一位公司主管对同一个专栏所做的回复：

我手下最优秀的雇员是这样一个年轻人——他不会电脑，但是他为人非常公正诚信。我们告诉他需要学习掌握哪些东西之后，他在财务管理员这一新职位中做得非常出色。

另外，这位主管成年之后才开始了解电脑，之前对此一无所知。现在她自称是一个"怪人"："我觉得，孩子根本没必要熟练地

操作电脑。事实上，我就是一个活生生的例子——我根本不会用电脑。”

是的，对于那些品行良好的人，你可以教他任何技术，他们将为你增光；你也可以教那些品行恶劣的人同样的技术，但至于增光，那么……

我要再重申一遍——养孩子不是一朝一夕的事情，从现在起，需要二十五年。必须首先了解这一点，你才不会走入歧途。

良好的态度、品行

在北加利福尼亚夏洛特的一座教堂里，我曾经给三百多位父母听众演讲。我说：“如果你觉得与在学校取得优异的成绩相比，让孩子拥有良好的品行更重要的话，请举手。”我很确定每一位家长都举起了手。然而，我马上对他们提出质疑——实际上与培养孩子的品行相比，他们可能花了更多的时间去帮助孩子取得好成绩。

我让大家回想他们的高中生活。我指出，那些品行良好的孩子未必是成绩最好的学生，实际上，他们还很可能被同学们当作傻瓜。但是，在毕业之后的同学聚会上，你是否发现这些品行良好的傻瓜都过得很糟糕？不，你没有发现，事实恰恰相反——品行良好的孩子长大后似乎都很成功，甚至达到了当年无人能预见到的高度。

相反，很多时候，我们认定某个出色的学生将来一定学业有成，事业成功，但他成年后却碌碌无为，一事无成。

指出问题的症结所在时，我尽量显得不那么严厉——今天的父母总是说一套做一套。他们明知道优秀的品行比优异的成绩更重要,但还是更关注成绩单上的数字。不过他们并不是伪君子,只是今天的父母们更倾向于关注近期目标。成年人当然清楚把孩子培养成一名好公民的长期目标是令人钦佩的,但还是免不了在短期目标中迷失方向。

在《过一种有意义的生活:拉比·梅纳赫姆·孟德尔什尼尔松的智慧》(*toward a meaningful life:the wisdom of the rebbe menachem Mendel schneerson*,由西蒙·雅各布森改编)一书的最后,哈西德派犹太教的路巴维奇派运动的领袖(Lubavitcher movement of Hasidic Judaism)①拉比·什尼尔松(Rabbi Schneerson)明确指出,在20世纪的最后50年,孩子的品德教育应该优先于学院教育。实际上,令人尊敬的拉比认为所有其他任何教育努力基本上都没有意义,除非是建立在牢固的品德教育基础上。

电影《超时空宠爱》(*blast from the past*)②中的一个角色最终意识到,“良好的教养是尊重他人的一种表现方式”。他说他还发现良好品行的养成非常简单,只要尽已所能帮助周围的人,你就会很快乐。

---

①路德宗教会中的一派。现代美国宗教的正统派,又译虔诚派。17～18世纪德国信义宗教会内部曾兴起一场宗教复兴运动,其参与者主张认真攻读《圣经》,敬虔事奉,过圣洁生活,认为讲道的重点不应是教义而应是道德,只有在生活上作虔诚表率的人才可担任牧师。认为人类堕落与不幸的根源在于自幼忽略基督教思想的教育;而拯救人的灵魂则有赖于培养儿童的虔敬与基督教知识的教育。为此要求为社会各个阶层和各种年龄的儿童开办教育机构,强化宗教教育,加强实用知识的教学,以期通过宗教教育和“实利实学”的知识与技能的传授,培养“具有虔敬的心情和实际生活所必需的智能”的“善良基督教徒”。虔敬派的主要代表人物有斯彭内尔、弗兰克、卫斯理等。

②又译作《来自过去的毁灭》或《魔法电波》。

这两个例子可以证实习惯和品行是不可分离的。良好习惯是判断良好品行的依据;养成良好品行的关键是尊重他人,这种尊重又通过良好的习惯反映出来,即努力让大家活得愉悦的体验。《超时空宠爱》中的情节让我怀疑该片的编剧是否也读过拉比的学说。

现在的父母口口声声说希望孩子能拥有良好的品行,但到底有多少人愿意花时间教育孩子哪些举止是得体的?仅仅模仿正确的行为是远远不够的,在教给孩子行为举止的时候,必须进行一定的说明——无论是提醒、解释、纠正或者是详述,当然这都需要花时间。只要父母们把强加给孩子的课外学习时间拿出一半,用于教孩子得体的举止,那世界肯定就会变得更加美好。

对学前的孩子来说,关于行为举止的教育越早越好,而且要尝试不同的方法来获得效果。以我的个人经验来说,小时候的我在学校刻苦读书,在家里与兄弟姐妹关系融洽——但我肯定,我所以能做得这么好,其基础在于良好的举止和对他人的尊重。除此之外,讲礼貌的孩子的父母还会从其他父母、老师和邻居那里得到很多积极的反馈。鉴于这些原因,与没礼貌的、举止失礼的孩子相比,举止良好的孩子的童年会更幸福。

四岁的孩子应该学会的礼貌用语和举止(排名不分先后):

- 在适当的时候说“请”、“谢谢”和“不客气”
- 当自己在身体上或者感情上伤害别人的时候,要说“对不起”
- 在适当的时候说“对不起,打扰一下”
- 慷慨地与玩伴分享玩具和其他自己所拥有的东西
- 在适当的时候说“是的,夫人(或者先生)”以及“不,夫人

(或者先生)”

- 不抱怨别人为自己准备的饭食(包括妈妈准备的),并且把它们吃掉
- 不打断大人们的谈话,认为这是一种打扰

我认为,这几条建议中最重要的是最后一条。首先,学着不去打断别人,一个孩子首先必须有耐心。其次,学会不去打断大人们的对话,是对长辈的尊敬。第三,我极其厌烦孩子打扰大人们的谈话。

目前看来,即使不是大多数,也有相当一部分父母已经让孩子觉得打扰大人的谈话根本不算什么,甚至不用有任何像样的理由,孩子只要简单地走上前说:“对不起,打扰了!”

我之所以会注意到这一点,是因为通常情况下,当一个孩子走上前开始说话,孩子的父母就会停止与我的谈话,用目光威慑孩子,说:“我是怎么教你的?”孩子就会说:“对不起,打扰一下。”之后,家长才问起孩子要说什么。我克制住要冲出口的话,耐心等着父母提醒孩子要懂礼貌。

我在南加利福尼亚做过一场演讲。演讲结束,一位来自南非的谈吐文雅的绅士向我做自我介绍,在接下来的谈话里,他提到他非常厌恶父母对孩子插话的容忍。他告诉我,在他们国家,小孩子首先要学的事情之一,就是当说话之前学会如何察言观色。孩子应该走到大人们谈话的大致方向上,然后站在一段距离之外——借此来表达一种尊重。这位绅士说,在这种情况下,哪怕是傻瓜也可以看得出孩子有话想说。在进行谈话的大人们经历了一小段非常短暂的停顿后,其中一位(通常是孩子的父母)将会转向孩子问:“有什么事吗?”这时孩子才能说话。

这才是我小时候所受的教育，我猜想我的大部分同龄人也一样，这种重要的社交方式的受益者为什么没能把它教给自己的孩子？针对这个问题，有两种回答：

1. 今天的很多父母以为抚养孩子就像带他去现场看足球。这根本不是抚养，抚养孩子并不是观赏一场运动，而是事必躬亲地教育实践。

2. 父母们更可能会花费大量的精力做那些短期见效的事情，而不是去做有永恒价值的事情（其实从长远看这样更省事）。就像花时间教育孩子一样，必须要经过解释和反复练习，例如——如何识别出两位大人正忙于谈话。

基于以上所说，我认为这位南非朋友的观点是正确的——让孩子与正在谈话的大人保持一定距离，然后站定默默地等着，直到被谈话的人注意到。你应该逐渐延长他等待的时间，直到他学会安静。

“那如果真的有紧急突发状况，孩子要怎么办？”

教孩子一个在这种情况下才用的手势如何？让我们面对现实吧——孩子眼里的紧急状况通常都算不上紧急状况。

“如果在我教过他这些之后我的孩子再插话，我该怎么办？”

我真不认为这种担心需要有一个标准的答案，除了必须让孩子意识到这种不良行为的后果，比如那天晚上可以要求她比平时更早上床睡觉，收回允许她在外彻夜派对的允诺……不论做什么，总之让她记住这个教训。

当然，当她做得很优秀的时候，别忘了告诉她你是多么骄傲。

行为教育

一个五岁孩子的母亲最近有点歉意地跟我说，她的孩子在打断别人谈话这件事上表现得很不好。我暗想:“不，不是你的孩子做得不好，而是你和你的丈夫没有教育好。”毫无疑问，他们不会同意我的看法。为人父母的经验告诉我，这对父母将用一种防守的姿态回应我的指责，甚至还可能表现得有些愤怒。他们会说：“每次她插话的时候，我们都告诉她这是不对的!”

可这无济于事——那是唠叨，唠叨只会越来越令人烦躁不安。唠叨引发的是蔑视，至少也让孩子对父母缺少尊重。所以，那些想教给孩子适当社交礼仪的家长们，应该针对自己的唠叨做些什么呢?

父母应该知道，良好的举止与人类的天性相反。想想吧，人可不是生下来就自然而然会说“谢谢”，或者懂得自觉排队。自私自利、不重视别人的感受、希望排在第一位……这些才是很自然的心理和行为。父母们不能指望社会的潜移默化会让孩子懂得社交礼仪，好习惯是必须要教的。在孩子身上，用得体的举止来代替人类本性的做法近似于逆流而上，所以，父母们一定要面对现实——教孩子行为举止并不简单，必须要下工夫。你准备好了吗？下面是我对教给幼儿好习惯的五条建议：

1. 制订一个计划。无论你教孩子什么——怎么上厕所、怎么用勺子、不应该打断大人谈话或者让他自己睡觉，你都必须有一个计划。你不能随机地教他们，而是要想方设法抓住一切能抓住的机会，只有这样才能成功。

在一次旅行中，威丽与我给我们九岁的孙子杰克制订了一套餐桌规范。在这之后的一段时间里，每顿饭之前，我们都和杰克坐在一起，反复温习规范里那些错综复杂的餐桌礼仪。从最基础的开始：等到每个人面前的盘子里都盛上食物，便感恩祷告，请别人帮忙传递食物而不是直接伸手去取，先跟大家抱歉说自己要先行离开而不是直接起身……如果他在用餐期间犯了错——因为我们会反复进行复习，所以他很少犯错——我们会轻声地提醒他注意自己的言行举止。之后，我们一定会告诉他，他是我们的骄傲。也就是说，我们连续三天面对面地教他餐桌礼仪，三天之后他就全掌握了。实际上，杰克之前就了解一点餐桌礼仪，他只是需要一点点督促和规范。当你需要教给孩子一种他从未学过的礼仪时，我认为这个“计划”的实施周期大概要延长到一至两个星期。

2. 一次只集中教授某一种礼仪或者某一组礼仪。对年纪小一点的孩子来说，这一点尤为重要。比如我们希望杰克在九岁的时候能够掌握一些礼仪，以应对生活中会遇到的具体情况；而如果杰克只有四岁，我们会制订一次只教他一种餐桌礼仪的计划。一次同时接受多种礼仪的教育，对一个五岁以下的孩子来说，信息量太大了。如果这样做的话，对家长和孩子来说，这种教育都可能转变成一种挫败感。

3. 必要的时候，在出席特殊场合之前温习曾经教过孩子的重要礼节。比如说你教过四岁的孩子直视对方，说“你好”，那么，在出席需要表现良好举止的场合之前，让你的孩子温习一下。

4. 当场提醒而不是事后再提醒。这点很好执行，但要特别注意的是——当有其他大人在场的情况下，严厉、大声地训斥孩子是一种很不好的教育方式。记住，得体的举止需要让周围的人也觉得舒服。毫无疑问，听见家长以一种愤怒的语气训斥孩子，会让人很不舒服。所以家长们实在没必要这么做。如果你的孩子需要提醒,你可以把他叫到一边或者对他耳语。如果你在制订学习礼仪的计划上做得很成功,那么耳语就会达到你想要的效果。

5. 牢记表扬。最真挚的表扬是很平实的。当孩子做对的时候,你不需要跳起来拍手。简简单单地告诉他:“今晚你的表现非常好,我们以你为荣。”

下面是一位母亲写给我的感谢信,信中体现了以上五条建议中的三个方面(她写信给我的时候并没有读过这五条建议),所以我把它放到这里,希望更多的父母能从中吸取经验,找到解决问题的钥匙。

我始终弄不明白,为什么有些父母允许孩子随便打断大人之间的谈话——无论是打电话还是面对面的谈话。比如我的弟妹,我在跟她打电话的时候,她会不断地停下来和她七岁的儿子讲话,每隔两三分钟我就会突然被搁置一边。我还有一位朋友,当我在她家做客的时候,我简直判断不出她到底是要跟谁说话——是跟我说呢,还是跟她六岁的女儿说。我很确定我自己的孩子没有这个问题,他们都不会随便插话。我想你可能会对我的方法很感兴趣,所以我把它们写在这里:

当孩子二岁或者更小的时候,我已经开始彩排了——我假装在跟另一个人说话,而孩子要假装他想请我为他倒一杯水。

当我与想象中的朋友“谈话”的时候,我让孩子走进房间里,并且站在固定的区域里。我很明确地告诉他应

该站在哪里（大约八尺远），让他安静地站在那儿，直到我发觉他——这时我会扭头问："你需要我帮忙吗？"而在提出要求之前，他应该先说："对不起打扰了。"（请大家注意，这位妈妈教孩子使用"对不起打扰了"的时机——不是用于适时打断的时候，而是用于自己被发现之后。）

我们练习了几次，每次我都告诉他，等妈妈结束了跟别人的谈话再来提要求，是一件很棒的事情，因为等那么长时间需要付出超常的耐心，这样他才会健康地成长起来，并且很懂礼貌。我们一星期会做几次这样的练习，每次我都试着让他等得更久一点。一星期之后，一个两岁的孩子就可以等待将近一分钟了。

在这之后，如果孩子又忘记了，来打断大人的谈话，我就用一种严厉的口吻和严肃的眼神面向他说："你知道的，不要插话。"通常情况下，他就会安静下来，我则继续我与别人的谈话。大约一分钟之后，我再对他说："现在，你需要我帮忙吗？"但是有时，我就不必再问孩子了，因为他已经离开房间，忘记自己想要干什么了。

我从未因为插话而惩罚过任何一个孩子，因为我的每个孩子身上只出现过一两次这种现象，而我的反应也足够让他们记住，这是不对的。

你将来应该做个关于孩子在商店打破商品的专栏。最近，有一位母亲告诉我，不要因为孩子在商店打破东西而惩罚他们。她的理由是，有强烈的好奇心想要触摸、感觉事物的孩子都是富有创造力的。所以，不允许他们触碰商店里那些他们喜欢的东西，就等于是在抑制他们的创造力。

而我想说的是，我的孩子个个都很有创造力，但他们绝不会在商店里随意打破东西。

令人欣慰的是，还是有一部分明智的父母意识到防患于未然就是最好的教育。因为适当的预防可以遏制不当行为且避免对孩子施以惩罚。

拉比·什尼尔松是威廉·威克姆温切斯特公学和牛津大学新学院的创立者，他认为行为对教育来说非常重要，他提出将“举止如其人”作为两所神圣学府的口号。的确，良好的举止是上帝的礼物，是比会踢足球、弹钢琴以及成为体操健将甚至优异的考试成绩都更珍贵的礼物，可用以区分出强者与弱者、最受欢迎的人和人见人厌的倒霉蛋。如果你希望你的孩子能长成一个优雅迷人的人，那么所有这些礼仪教育都可以帮助他更成熟。放到篮子里的蛋越多，最终孵出的小鸡也就越多，孩子们将带着这些果实步入成年——这个篮子就是良好的举止！

道德教育

我们不能离开宗教价值观去教育孩子，或忽略道德的重要性而讨论教育行为。父母们可以带着孩子去基督教礼拜堂、犹太教堂或清真寺——孩子应该在课外活动时间参加这样一个由优秀的已婚人士管理的宗教青年团体，因为管理者本身就是理想婚姻的范例。所有研究都明确地阐明，去过教堂的孩子，无论属于什

么教派，都能通过不断的道德指引获得一种稳固的道德价值观，而在这样的孩子身上较少出现自毁和反社会的行为——尤其是十几岁的青少年，很少惹上吸毒、婚前性行为、被拘捕等麻烦，或者成为日常行为方面或者学业方面的问题少年。这些具有稳固道德观的孩子，成年后更容易成功地步入婚姻生活。

这一调查是经过国家保健研究所（National Institute of Healthcare Research）、传统基金会（Heritage Foundation）①、内布拉斯加大学、美国亚利桑那州立大学西部研究生院和国家青少年健康纵向研究（LSAH）②以及美国哥伦比亚大学全国药瘾及滥用药物研究中心（National Center on Addiction and Substance Abuse）再三认定的。1997 年，国家青少年健康纵向研究员迈克尔·瑞斯尼克（Michael Resnick）在《美国医学会日报》这样写道：

> 社会科学也开始提出宗教这一主题，社会科学家们也不愿承认，经济地位的独立可以让孩子摆脱更多的困扰。众多数据表明，较之于其他地区经济地位相同的人，居住在市中心的常去教堂的人似乎犯罪率更低。虽尚未盖棺定论，但这是有根据的，对囚犯来说，宗教活动能大大减少刑事累犯的次数。我们不知道宗教在促进儿童或青少年支持教会的节

---

①传统基金会（Heritage Foundation）是右翼运动的最大思想库，它出版了一本很有帮助的《保守派专家名录》，那本书厚得就像电话黄页一样。

②纵向研究（longitudinal study）是一种研究方法，指对某一特定个体或某一组特定的个体随着其年龄的增长在其发展的不同阶段系统地进行反复观测，从而取得连续性的发展资料。纵向研究对相同个体的发展历程进行追踪，所得到的资料反映了个体实际的发展变化过程，使得研究可以系统而详细地了解连续性发展过程中量变与质变的规律。

能工作上会产生怎样的效果，但现在我们发现宗教信仰与道德标准存在同样的效果，而且宗教信仰与道德标准相互关联；并且我们还知道前者可以适时地激发和促进后者。

约瑟夫·卡里法诺是吉米·卡特总统任职期间健康、教育和福利方面的秘书。之后他主持了 CASA 项目，谈到宗教信仰等诸多问题在孩子生活中的重要性，他的暗示强调了之前我提到的观点：在孩子的生活中，课外活动并没有那么重要。

宗教信仰是帮助孩子建立价值观、获取技能的重要元素，同时教会他对毒品、酒精和烟草说“不”……如果家长在孩子很小的时候就带他们参加宗教礼拜，那么孩子是否会反抗这种安排，会对家长产生重大影响……家长的参与是重要的保护因素。青少年与父母在一起吃饭的机会越多，他们吸烟、酗酒或者吸食大麻的几率就越小。

每一种蓬勃向上的文化都建立在强大的宗教信仰基础之上；反之，每种衰退中的文化，都必然是因为放弃了宗教信仰，并以世俗信仰取而代之。宗教信仰会给孩子指明善良圣洁的生活路标，除了学会面对各种诱惑，学会说“不”，还包括学会通过暴力以外的方式来解决冲突。

一直以来，我都认为 20 世纪 50 年代和 60 年代成长的人比现在的孩子举止更加端正。不要误解我，我们远非十全十美，当然也有不当的行为，但我们的大多数不当行为都只不过是无伤大雅的恶作剧。就这一点而言，关注青少年的犯罪率就显得尤为重要——社会经济学调查显示，1960 年以来，青少年犯罪率急剧上

升，而且今天青少年所触犯的法律都是过去只有成年人才会去染指的：强奸、谋杀、贩毒、持械抢劫。

我小的时候，孩子是顽皮且受到保护的。大人不在的时候，我们会偷偷捣点小乱，然后寄希望于不要被大人们发现。而现在的校长和老师告诉我，今天的孩子才不会在意自己犯的错是否被发觉，因为他们并不害怕大人，也不为自己所要承担的后果担忧。我认为，这是因为大人们没有打好让孩子害怕的底子。

在成长过程中，我们那代人一旦犯了错，自己心里都很清楚。1965 年我高中毕业，那时候，如果有人在考试中作弊被抓住了，他绝不会对老师说："嗨！我只是作弊而已，如果你想进一所好学校，你也会这么做的！"

不管你相信与否，这就是今天的孩子作弊被抓住时经常说的话。罗格斯大学学术道德中心的开创者唐纳德·麦凯恩在最近主持的一项研究中发现，美国四分之三的高校学生在主要考试或者是工作笔试中都有过作弊行为。麦凯恩进一步发现，他们当中很少有人对此感到害羞或者懊悔。"在生活中要不择手段"，一个作弊的学生这样写道。另外一位在论文中剽窃《麦克白》资料的人这样说："悔恨只会放慢你的脚步。"这太恐怖了。

现在的作弊者还声称，即使被人抓住了也没什么。我在学校读书的时候，如果你在班上作弊，很可能会被退学（并且你的父母也不会请律师来维护你的"权利"）；而如果你在期末考试中作弊，你就会被开除。今天的孩子们则开发出了考试作弊以外的其他欺骗形式，比如剽窃他人的论文，而这种情况一旦被发现，最差的结果也无非是得零分罢了。

我不作弊，是因为我害怕万一被抓住——我不知在那种情况下自己该怎么办，大概只会干瞪眼。而现在的孩子有什么好害怕的呢？事实上，如果哪个老师鼓起勇气给学生一个不及格，他就会将自己卷入麻烦中。一个真实的案例：2001～2002 学年，一所高校将近 24 位学生集体从网上剽窃信息，老师给了他们不及格。然而，在这之后，这些学生的家长联名控诉这位老师，学校主管也强迫该老师修改学生成绩。最终这位老师只得乖乖就范。

你看，出问题的不只是孩子，人小的时候都想做坏事不受惩罚，问题在于大人们不该说剽窃不过是很常见的错误。比如，最近的一份报告上说：现在的学生们“还未成为道德上被摈弃的一代”（也就是说，他们还不应该受到指责）；况且，现在网络太容易让人抄袭了。“谁能抵挡？”——这份报告得出了如是结论。

这种结论太发人深省了。事实上，目前只有四分之一的学生拒绝抄袭，这证明问题绝不是出自网络。问题是，今天很多“道德上被摈弃”的孩子简直跟罪犯一样，认为为了达到目的可以不择手段；而很多大人则太怯懦了，他们无法抵制青少年犯罪的大肆蔓延。

问题

问题：我那性格外向、乐观好客的五岁女儿，最近常对大人说：“呦，伙计！”她是跟一个姐姐学的——这个比她稍大一点的孩子有时候会在家里以玩笑的语气说这句话（但是从不跟大人说）。我认为女儿的这种表现可能会惹人讨厌，所以跟她解释了礼貌的问候与失礼的问候是有差别的，她为此受到了惩罚，却并不清楚是为什么——因为很多大人好像都这样打招呼，同时还会哈哈大笑。当我在大人面前纠正她的时候，有的大人甚至会说：“别傻了，多可爱多好玩儿啊！”但我不认为这有趣，我认为这种打招呼

的方式粗鲁失礼。我不知道如何礼貌地回复这些人，让他们知道我在努力培养女儿养成好习惯。

回答：适当的回复是："哎，我才不在乎你赞不赞成我管教女儿的方法——只要闭上你的大嘴，伙计！"

当然，这只是在开玩笑。事实上，你一定知道我会站在你那一边，也支持你的做法。然而，我要告诉你，除非你女儿不理解一些关于礼仪的简单概念，否则她不会把礼貌的问候与失礼的问候弄混。对孩子，你需要做的，是适当地说明你的期望，以她的聪明才智，一定会很快清楚自己该怎么做。而从大人身上学来的这些失礼举止带给她的欢乐，远远超越了那些随之而来的惩罚的影响，你不得不接受这个现实——但是她不听话的时候，你必须要惩罚她。你也可以告诉她的那位小姐姐，即使是在家里开玩笑的时候，也别再说"呦，伙计"这样的话了。

但更好的办法，是带你五岁的女儿到我家来，把她介绍给我。当她叫我"伙计"的时候，我的脸色会陡然一变，然后说："什么？我不是'伙计'——尤其是对一个五岁的孩子来说。我是罗斯蒙德先生，谢谢。"这会让她重新思考是否该称一位成年人为"伙计"。或者换个对象，在你的朋友中间找一个演习这一幕。只管照我说的去做，如果第一次不起作用，那就找愿意帮你的人再试一次。最后你会发现，这比单纯惩罚她要有效得多。

问题：我女儿六岁，我注意到她跟人说话的时候不看对方的眼睛。她很聪明，朋友很多，在课堂上积极回答问题，喜欢在全班同学面前讲话，与大家一起分享自己的心情和观点。在她五岁的时候，是她的空手道教练首先指出了她不与人进行目光交流这一特点。他提醒我说，我的女儿可能患上了注意缺陷多动障碍（Attention Deficit Hyperactibity Disorder)，[1]但我女儿的儿科医生和幼儿园老师却认为空手道教练的这种怀疑太荒谬了。从那时开始，每次跟女儿谈话，我都试着用目光与她交流，但她的情况并没有好转。她妹妹只有两岁，与我说话的时候，已经知道用眼睛看着我，这更突显了史黛西的问题。我需不需要对女儿的这一特点更加关注？如果需要，我怎么才能尽量温和、自然地鼓励她与别人眼神交流呢？

回答：缺乏目光接触可能是因为孩子的发育出现了问题，而不是其他的社交习惯的问题。一般情况下，孩子有些怪癖并不意味着一定是出现了什么严重的问题——每个人都有自己的怪癖。

我建议你以客观而严格的方式来处理这件事。换句话说，我认为你不需要很费劲地鼓励孩子与他人进行目光接触。另外，我觉得严格是很有必要的。今天的父母既想惩罚孩子的不当行为，又不想孩子因此觉得不舒服，甚至有些专业人士坚持认为这是可以做到的。而就我个人的观点而言，那根本是痴人说梦。

首先，孩子在这个年纪，与大人说话的时候却不直视对方，这明显是不礼貌的。其次，一个不礼貌的孩子是不会被"要懂礼貌"之类的话所打动的。你需要明确地告诉你的女儿：目光交流是一种最基础的礼仪，而跟别人谈话时不看着对方的眼睛——这种行为非常无礼，相当于别人对你说"你好"，你却没有回应。你不能原谅她以这种方式对待别人，包括对待你自己。

两个星期后，你可以通过角色扮演的方法来帮助她养成直视对方的习惯。她做对的时候，记得奖励她；而如果她的眼睛游离，

---

①这种障碍是一种发展性行为障碍，以注意力缺陷为最主要的症状，并伴有多动（活动过度）、冲动、固执和自控能力差等特征。

就让她停下来看着你。等过了最初的过渡期，你就可以开始制订计划：允许她一天有两次“无目光接触”的违例机会——或者说，“赠送”给她两次机会。但第三次违例的结果，则是剥夺她的其他特权以及必须比平时更早上床睡觉。如果她在这个规定限度内完成得很好，就将每天的“赠送次数”减少至一次。在最慢的情况下，你也应该会在几周内看到明显的进步。但要记住，罗马不是一日建成的，何况是花七年时间养成的习惯呢？然而，如果你愿意更苛刻一点，即使是花七年时间养成的坏习惯，也可以在相对短的时间内被革除。

问题：我有两个孩子，一个八岁，一个七岁。大一点的那个孩子身体有严重的残疾。现在，弟弟也意识到姐姐的精神和身体有点残疾，而因为我们对残疾的孩子付出了更多关注，弟弟表示出严重不满。即使我们一再对他解释所以这样做的理由，仍然无济于事，他还是常常抱怨我们对待他跟他姐姐的方式不公平。这种情况曾经持续了两三个星期，我们本来以为他抱怨过一阵自然就会停止，但他的情绪化总是在几个月内反反复复地发作。我们已经尽可能多花时间与他在一起，但是好像这并不能满足他。为了给他更多的关注，我们不得不暂时把女儿托管在一个专门照顾残疾人的地方，但这当然不是最好的办法。我们应该怎么做？

回答：你必须真的耐心解释姐姐的情况给你的儿子，从而彻底消除他的抱怨。如果你儿子足够聪明，你就不必总是反复强调“最近你姐姐需要一段时间的照顾”，你该停止解释，让他冷静下来。在你儿子变成一个牢骚满腹又吹毛求疵的人之前，你需要赶紧让这出家庭肥皂剧结束。

接下来，他应该会开始抱怨生活的不公。我建议你沿着这条线索跟他进行一次谈话：“你应该对你这种想法感到羞耻。如果有人有权利抱怨生活的不公，那也应该是你那可怜的姐姐。十一年后，你就完全可以从与她争宠的困境中脱身，但是她却永远摆脱不了那天生的枷锁。对于你的抱怨，唯一的解释就是我们已经把你宠坏了，从现在开始，你每抱怨一次你姐姐，就要从心爱的玩具里选一件捐给慈善机构。我们在大厅后面放了个捐赠箱。等它满了以后，我们会把它送到慈善机构，给那些更需要玩具的孩子们。从现在开始，我们永远不再跟你谈论‘命运的不公’。你还有什么问题吗？”

无论在什么情况下，孩子都要通过长期的练习来学习、掌握，进而擅长某一项技艺。比如，如果你想让你的孩子成为一名伟大的高尔夫运动员，那么就该从小训练他。同理，如果你想让孩子成为一个永远牢骚满腹的家伙，那就从他小的时候就开始任他在这方面自由发展。换句话说，如果你想要扼制住儿子的抱怨，就必须马上采取措施。等的时间越长，这种爱抱怨的习惯越可能长久地主导他的个性。

可以肯定的是，你儿子成长在一个不太理想的环境中，与世界上一半以上的孩子相比，他不知道真正幸福的人生是怎样的，更不用说去了解缺乏行动能力的姐姐的人生是多么坎坷。不，你儿子需要的不是更多的关注，而是心态的调整。

问题：最近，我们在十六岁的儿子的床上发现了色情书刊。去年，他一直在与抑郁症、欠佳的成绩、吸毒这些问题抗争；今年，他却来了个大转弯，变得很积极，正在打一份工，成绩也不错，还会定期去教堂。但正当我们以为他终于脱离了“险境”的时候，色情书刊出现了。丈夫说，我不应该搜查孩子的房间，而且对一个十六岁的少年来说看这些东西非常正常，他认为我们应该索性忽略这件事。但我却对此无法释怀。其次，如果我们想就这个问题跟

他谈一谈的话，就不可避免地需要提到我们曾窥探过他的卧室，这实在有点尴尬。你怎么看？

回答：首先，我承认这件事情很微妙。一方面，对于一个曾经吸食毒品的孩子，即使他没有复吸的行为，父母不定期查看他的卧室也是合理的。但是，我们需要更强有力的理由来支持这种搜查的合理性，而不仅仅只把它说成是父母的好奇心。正当理由应包括：孩子的情绪、生活习惯、社会生活或者学习成绩的突然变差。就你儿子现在的情况，我认为你们需要给他转变的空间，而不是急于去做任何暗示，在这个时候搜查他的房间是不妥的。进一步说，我认为让他知道父母曾经“搜查”过他的房间会导致你们之间关系的退步，你应该试图避免这种可能。

另一方面，一位十六岁的男孩拥有色情书刊并不是不值得重视的。的确，如你丈夫所言，十几岁的少年都会对性很感兴趣，这并不是不健康的。但嗜色成性就是另外一回事了。举例来说，几乎所有未成年性骚扰者都涉猎过大量的色情书刊。异性恋的色情书刊和影视作品都会对女性形象加以处理，将她们降格为性工具是这些作品中传达出来的潜在的信息，会让未成年男性认为自己也可以这样看待甚至对待女性。但这并不是说青少年看色情刊物就一定会扭曲性别伦理或陷于不当的性行为中，但这种风险是客观存在的。

处理这种事情的方法之一是让这些东西从你儿子的房间里消失，什么也不用说。他会懂得你们的用意，而且不再带这些东西回家。他可能会把爸爸叫到一旁谈一谈，而这无疑会为一次深入的谈心打开大门。如果你同意的话，那父亲就必须为这次谈话做一些准备。换言之，他要阐明自己的观点，并对孩子表示理解。当然，如果需要对父母是如何发现这些色情刊物做出解释，父亲要想出其他理由，而不是直言“妈妈在搜查你房间的时候发现的”。

我的一个朋友曾在儿子的房间发现《花花公子》，他只是把那本杂志放回了原处，他说这没什么。两天以后，儿子主动找到他，承认自己再也无法忍受这种沉默，需要跟他谈谈。之后，在这个问题上，父子二人进行了前所未有的最成功的交谈。

在处理类似问题的时候，男孩的父亲是最理想的人选。你丈夫可以只是把儿子带到一边，对相关违禁品只字不提，而以应该慎重、尊敬地对待女性为题，跟儿子进行一次“关上门”的谈话。在谈话的过程中，他可以简单带出色情刊物的话题，并将其作为不尊重女性也不尊重自己的一个反例。假如他们父子平时的关系很好，那这次谈话一定会起到积极的作用。

家庭教育的基本法则之五

责任，而非好成绩

无论孩童的动作是纯洁还是正直，都显明他的本性。

——《圣经》20:11

一个有责任的人必须具备以下三个要素：(1)上级分派的任务要尽职尽责地完成；(2)乐善好施；(3)对因个人原因而造成的后果，要勇于承担责任，即有责任感。一个人性格中的这三种品质勾勒出了一个好公民的轮廓，就好像导言里提到的那位老妇人说的："好公民始于家庭中。"

这三个要素中的前两个要素被认为是"职业道德"的根本。这些观念可以通过日常生活中的家务劳动，潜移默化地灌输给孩子。孩子通过做一些力所能及的家务，参与到家庭氛围的维护中，由此才有资格成为正式的家庭成员之一。孩子会喜欢自己在家庭中扮演的重要角色，并且全身心投入。家务活可以告诉孩子，作为一个公民既享有权利，也要承担义务，权利与义务密切关联，而且享有权利是履行义务的结果。出于这个原因，孩子做家务不应该是为了有所回报。"回报"掩盖了所有家庭事务都是家庭成员应尽的义务这一事实，应该从大量家庭事务的分配安排中，让孩子清楚自己的权利依赖于其对家庭履行的义务(这种依附关系开始于孩子三岁以后)。简言之，如果孩子在家庭事务方面做得不够好，那他的权利也将被相应剥夺。

我是被美国公民道德标准养大的最后一代孩子。大多数成长在二十世纪五六十年代的人都可以证明，我们从很小就开始无偿地分担日常家庭事务。因为父母就是这样要求我们的——在出去玩之前,必须要将家务做完。换句话说,在做想做的事情之前(权利),我们必须先得做那些不得不做的事情(义务)。在我们幼年时,几乎每次叫伙伴出来玩的时候,他的妈妈都会告诉你:等他做完应该做的事情后才能出门玩。请注意,这不是一种隔三差五才出现的情况,而是有其特定时间规律的。在经过了一段时间之后,你自然就会明白,如果你的小伙伴不能出来玩,那并不是时间不允许,而是因为他的家务没完成,就像你一样。在可预知的时间里——家务是日常生活的一部分。

不幸的是,现在育儿的重点已经从培养一个好公民逐渐转变为灌输高度的自尊了,父母也不再让孩子做家务。今天,在孩子们中间很难找出一位合格的家庭成员,孩子在家里扮演着非常重要的角色——对家庭而言,他既是一位贡献者,又是家庭“果实”的消耗者。在现代家庭中,家长表现出来得好像他们的义务就是做“父母”,并且大多数父母会觉得他们的责任就是养育子女。子女成了一个家庭关注的焦点,理所应当地得到“小皇帝”一样的照顾。现在所有典型的当代美国家庭中,都是父母服务于孩子,而孩子不用给家庭提供任何服务。实际上,这会让孩子处于永久的不劳而获中,他们享受权利却无需履行义务。

一个四岁孩子的母亲最近骄傲地告诉我,她的孩子会做家务了。

“家务?”我质疑道。

“是的,”她说。“她需要做的家务就是告诉我狗狗的碗需要添加狗粮了。”

我被惊得目瞪口呆。“那需要加粮食的时候是谁去加?”

“这还用问吗，我去。”这位母亲回答道，“如果让她去，她会在碗里放太多狗粮，还会把水洒在地板上。”

也就是说，当有家务需要做的时候，孩子会去告诉妈妈，让妈妈去做。即使不能说这有点可悲，那至少也够滑稽了——但真正的悲哀在于这位母亲甚至完全没有察觉到，她所谓的家庭事务只不过是给了孩子一个锻炼妈妈的机会。至于避免在碗里放太多狗粮或者把水洒在地上，都不应成为不让孩子做家务的理由；相反，这正是教孩子把握食物分量、用拖把打扫地板上的水渍的最好机会。这正是21世纪的美国父母所陷入的尴尬境地。

在一篇对父母所做的报告中，我不时说：“你们都认为自己的孩子天资聪颖，但你们却经常像对待傻瓜一样地对待他们。”

这话一定会引来哄堂大笑，因为家长们很快就意识到，他们在相信孩子可以做的事情(任何事)与真正允许孩子做的事情(几乎没有)上存在矛盾。之后我指出，如果你真正重视你的孩子，就意味着要对他有所期望，并让他真正去做一些事情。

“不幸的是，”我说，“今天很多在场的人对自己的孩子基本没有任何期望，反而对自己有很多期望。”实际上，你对自己有多少期望，你的孩子也会对你有多少期待。这就是为什么现在的孩子会变得越来越强人所难、难以取悦，甚至是忘恩负义。而在你对他有所期待之时，他已经学会做出一副饱受委屈的样子了。

我说：“如果我描述的正是你孩子的样子，请举手。”

永远都是这样——大多数人举起了手。

我四岁前，母亲——当时是一位全职工作的单身女性——开始教我如何扫地。从那时起，我就定期扫地。五岁前，母亲开始教我手洗自己的衣服，因为家里的洗衣机的滚筒掉出来坏掉了，不能用了，已经被搁置在走廊的角落里。

我四岁的时候，周围住着很多孩子，每一个孩子在想要出去玩之前都必须得把家务做完。在20世纪50年代早期，当父母要求孩子——哪怕是非常小的孩子去做家务的时候，恰恰正在表明他们对孩子的重视。那时候的父母不大可能花哪怕两分钟去思考一下孩子的智商是否能胜任这项家务；当时父母也不会炫耀孩子会做家务；他们更不会借开车在城市中兜风的机会炫耀自己的孩子在智力上胜人一筹。但是当时的每一位父母都明白，无论孩子多聪明、多能干、多能力，父母都不该让他们躺在夸奖上止步不前。

一位母亲最近问我："约翰，我知道你认为孩子四岁之前就应该做些家事。我女儿再有几个月就四岁了，在这个年纪我让她做什么样的家务比较合适？"

"教她拖地。"我回答说。

她望着我，好像我说了什么莫名其妙的话一样。"约翰，你可能没理解我的话，"她说，"我女儿还不到四岁。"

"不，我完全理解你的话，她完全可以学拖地。你先教她拖小一点的地方，比如浴室的地板；她会了之后，再让她拖面积更大的地方。"

她还是露出了怀疑的表情。"拖地？我还是觉得她太小了。"

这位母亲可能会告诉别人，她认为自己的女儿很有天赋，但是她对待女儿的方式，却好像女儿连拖地这么简单的事情也做不好一样。学习拖地的重要性不在于拖地本身，而是证明一个孩子是一个有能力、能担当、靠得住的人，让孩子懂得自己也有责任保持家中清洁舒适的环境。在拖地的过程中，她可以感受到自己正

为家庭贡献自己的一份力量。

我怀疑这位母亲回到家后是否真的会教她的女儿拖地，或者教些其他类似的工作。或许在她的家里，这个所谓天资聪颖的小女孩仍然会被当作笨蛋一样教养。这位母亲，如同很多美国父母一样，只知道吹嘘自己的女儿多么有才能，却并不真的关注她——因为，记住，真正关注一个孩子意味着要对这个孩子有所期望。不幸的是，这个女孩的问题，如同今天很多孩子身上所出现的问题一样——她的成长问题，恰恰可能源自于她幼年时父母所实施的一个错误的整体计划。很多孩子从未了解过公民权——即个人与社会之间的关系，本就有一种相互迁就的张力；孩子们可能也从未了解到，任何成功都是一分耕耘一分收获。这种新式育儿哲学和育儿方式的结果，已经体现在我们的文化的方方面面，因为这些在成长过程中心灵不健全的孩子，已经有了各自的工作岗位。很多雇主和经理不断地跟我抱怨，说现在很多年轻人缺乏职业道德——他们只想从雇主那里得到一些，却从不愿意给予；他们把在家里沾染的习气带到工作中，雇主必须对他们尽义务，但反过来雇员却不必对雇主尽义务；他们认为，跟在家里一样，自己从雇主那里也应该获得父母授予的那种“权杖”。

我的一位年轻朋友是一家大型银行的经理。最近他告诉我，他有一次很礼貌地指出一位年轻人犯的错误——这个既浪费时间又浪费金钱——但他还是鼓励这位年轻人，表示希望以后更谨慎一些。而这位二十几岁的雇员，竟然回答他说：你发现的这个错误不是我的责任。

“那又是谁的责任？”我朋友问。

“我不知道，总之不是我的错。你应该弄明白。”

“不好意思，”我朋友回答说，“这是你的工作，因此就应该是你的责任。”

这时,这位年轻的雇员望着另一位同样年轻的同事说:“我没办法了,你给他解释吧。”说罢转身离开了。

我敢肯定,这位雇员上小学的时候,父母就经常帮他检查家庭作业,并且帮他改正作业中的错误。我还能猜到这位年轻人从未做过任何家务——这位年轻人,像他这一代的很多孩子一样,只要还跟父母住在一起,就能一直享受家庭的优待。我还敢肯定,他的父母会把使孩子免于遭受所有的负面影响当作自己的义务,以此维护孩子那可怜的自尊。

用这种不道德的方式培养孩子,其最终后果是对国家强大的民主、经济以及婚姻的持久性产生大规模的破坏。而这种育儿风潮已经渐逐形成一种文化,使我们处于这种破坏的早期阶段。

这本书的读者:你会成为这种破坏的一部分吗?还是愿意成为解决方案的一部分?好在这种错误的为人父母的方式尚未达到无法解决的程度。那么,你会尽自己的一份力量,去阻止社会滑入道德深渊吗?

责任

一位母亲最近告诉我,她女儿因为资历浅而没有被选为拉拉队队长,而且,她回到学校后就不得不马上面临拉拉队教练的重新评定。

“当孩子受到老师不公平的对待,父母应该坚决地维护孩子的利益,对吗?”她委婉地问我。

“我不发表意见。”我回答，在这一点上我持的态度就好像股市在黑色星期五来临之前一样。

我的父母对这种事情就总是置身事外。当然也有老师对我不公平的情况，但在我父母的观念里，他们认为世界本来就不是一个很公平的地方，越早了解到这一现实，对孩子越好。各位，让我们面对这个事实吧——谁能保证，在一个孩子十三年的在校期间，他的每一位老师都能公平地对待他？

“但是，”可能有的读者会反驳，“与老师冲突时，孩子自然会处于弱势，需要有人去制衡老师的权威。”

我们先回过头来看“公平”这个词——所谓公平，是从旁观者的角度出发评定的。因此，老师的决定不可能被所有人认为是“公平”的。事实上，学生和家长觉得老师不公平，并不意味着老师的所作所为就一定有失偏颇。在权利时代，美国人似乎忘记了政客与领袖间的区别。为了政府颁布的政策行之有效，领袖必须要做不受欢迎的决议；而政客则相反，他们总是试图收买人心——这就是为什么大多数政客不能成为优秀的领袖。老师不是政客，他是孩子们的领导。现在有很多老师，像父母一样，一心想要受到学生们的爱戴和欢迎，因此会消解老师的权威。事实上，很多家长并不主张老师成为孩子面前的权威人物，因为他们希望时时处处都必须受到“公平”的对待。总之，现在的老师几乎成了父母的头号敌人。

我女儿艾美上初中的时候，一度常抱怨一个很受好评的老师，而她一点也不喜欢这位老师。她只说觉得不公平，但却没意识到她愤慨的真正原因是这个老师试图与一些学生做朋友，而她不是老师“精挑细选”的学生之一。我发现艾美几乎每天都在抱怨这个老师，但我只是简单地说一些诸如“太差劲了”和“这些都会过去的”……而这些不痛不痒的话只会使她更加心烦意乱。

后来,这位老师把我请去学校,当面对我抱怨艾美的态度。我告诉老师,我非常愿意支持他的权威,但是他的头号敌人正是他自己。他在扮演学生喜欢的老师的角色,而这种行为已经无意中培养了学生的嫉妒心理,慢慢地,学生就将不再把他视为权威人物。到那个时候,我甚至无法再支持他对我女儿态度的抱怨。我们的谈话在他对我的感谢中结束。

渴望得到公平对待,相当于总是坚信自己有资格被别人公平对待,而不只是想要被他人公平对待。换句话说,坚信自己应该得到公平对待的人永远都只是孩子,无论他们的实际年龄是多大。至于要求老师公平地对待学生,如果这只意味着给学生应得的成绩,那当然很不错;但如果也意味着要惩罚学生的错误,那也不赖……然而,如果意味着必须让学生高兴,那就不对了。不幸的是,当某些家长被问及“什么样的老师最可爱”时,他们毫不犹豫地回答:“公平。”

记得我念初中的时候,班上有两三个讨厌的小子,他们跟班上的“小霸王”们签订了“保护协议”。这几个乳臭未干的小子会帮“小霸王”做功课;反过来,当这几个小子招惹得同学很恼火的时候,这些“小霸王”会保护他们不被报复。因此,这几个小子可以在班上为所欲为。他们从身后袭击其他同学,打掉同学手中的书,把女生精心梳理好的发型弄乱,不断地嘲弄有缺陷的同学,给大家起五花八门的侮辱性绰号……受欺负的孩子们敢怒不敢言,因为当他们曾试图反抗坏小子的时候,“小霸王”们马上插手干预,甚至因此造成了流血事件。

类似的“霸王协议“在今天已是司空见惯。这说明相当数量的孩子都拥有属于自己的“小霸王”,当他们做出放肆、挑衅或者

各种其他不负责任的行为时，这些“小霸王”会保护他们免受一些应得的惩罚。从某种意义上说，这些“小霸王”反而成了他们的父母。

在美国东南部的一个大城市里，两个优秀的高中橄榄球员偷了辆车去兜风，之后他们把这辆车丢弃在河里。两个孩子因此被球队开除。而两个孩子的家长却奔走控诉，声称球队的决定“毁了孩子的前途”，因为他们的孩子失去了获得高校橄榄球奖学金的机会。家长认为孩子的行为并不算是自毁前程，反而是学校毁掉了他们的前途。突然之间，小罪犯成了受害者，而合法权威人物则成了坏蛋。

2003 年，美国中西部小学的一位老师拒绝改判学生的分数。据说，如果老师不满足孩子父亲提出的要求，这位父亲就会以各种残暴的体罚方式威胁老师。校长觉得这位家长的行为非常恶劣，以至于必须安置额外的安保人员来保护老师。

看起来，好像出现在我笔下的家长都野蛮、蒙昧、无知，应该没有受到过太好的教育。但事实并非如此。以上两个例子中的父母都生活优裕，家有豪宅、名车。实际上，从我观察到的结果看，这种极端情况所涉及家长的社会地位与其粗鲁的行为极不相称。身居高位或物质丰富都不能阻挡他们横行霸道。他们在肉体上对那个“虐待”他们宝贝孩子的老师加以威胁，完全站在了秩序和法律的对立面。

一所私立学校的校长在最近的一次讲话中说：“我们面临的问题，与其说是来自于学生，还不如说是来自于家长。”他的意见与美国很多其他学校的管理人员和老师一致。四十年前，很少有父母会为学校对孩子施以的惩罚“揭竿而起”，今天则很少有父母会对学校的类似行为保持沉默。父母与孩子之间的保护协议条目的无限增加,导致了孩子家庭权利的蔓延。

读者完全有理由问:“那么,约翰,怎么解决这个问题?”

对那些父母来说,我会用自己的方式——争取通过这本书,帮助他们改变对孩子负责的方式。

开脱之辞何其多

我小的时候,如果偶尔举止失礼,无论是在学校、邻居家还是家里,父母都很少允许我自己对此加以辩解。事实上,如果我试着做出解释,他们还会打断我,说:“我们不听那些借口。”现在我意识到,每一种辩解实际上都是在试图为自己申辩,证明自己的行为是合理的,以达到推卸责任的目的,大事化小,小事化了。孩子几乎是天生就会这一招。《创世纪》第三章,亚当把责任推给夏娃,夏娃又把责任推给蛇。他们都不想为自己所做的事情承担责任,尽管他们心里其实都非常清楚,是自己做错了。这就是犯错的孩子面对父母时的心态。

1960 年,汤姆·布洛考的《最伟大的一代》[①]出版。父母开始听取专家们提倡的概念——好的家庭教育方式始于正确的与孩子聊天的方式。从此以后,父母不仅仅只是像之前一辈辈的父母们做的那样跟孩子聊天,而是倾向于不只是聊天——两代人之间谈论的话题更多了。父母跟孩子聊天并不全是坏事,但是谈话的

①1998 年畅销非小说著作《最伟大的一代》(The Greatest Generation)是献给从二战到越战那一代军人及其家人,以及年轻的一代和以后的人们的。

时间和地点并不应该是随机的。更令人担忧的是,在大多数聊天过程中,很多父母实际上是在帮孩子的错误寻找借口——他们在帮孩子逃避责任。

最近有一位母亲告诉我,她五岁的孩子在学校常犯错误,几乎每天都带着一份不良行为记录回家。她便坐下来与他谈论这个问题。“怎么回事?”她问,“你为什么做这些事情?你在想什么?”这位母亲告诉我,她认为这些谈话会帮儿子在“下一次能够明白如何改进自己的行为”。但真的当“下一次”来临的时候,他一定会再次表现得很糟糕。有时候甚至还会比前一次更差,而在这种情况下,这位母亲采取的行动就是跟儿子“再坐下来谈谈”。

不经意间,这位妈妈已经给了孩子对错误行为制造借口的机会。“苏格拉底问答法”取代了对自己造成的后果的担当。我认为父母不应该把问题彻底解决的希望寄托在谈话上,一直这样谈下去,只会让孩子觉得自己可以为所欲为,因为即使自己做错了,也不会产生什么大不了的后果,只是不得不跟父母聊天而已;孩子会为自己的行为找理由,即使他们的理由听起来并不十分合理,他们也不在乎。另外,如果你的孩子早过了完全不谙世事的年纪,我认为他就不应该总让别人告诉他该怎么做——他应该懂得怎么做是对的,怎么做又是错的。

这种制造借口的谈话会让孩子觉得自己根本没有犯错。而这种不足取的方式所以存在,问题不在于孩子,而在于大人。家长们已经不知不觉中把一个犯了错误的孩子变成了一个人认识不到自己错误的孩子,而家长自己却蒙在鼓里。

孩子犯错时,大人需要做的就是让孩子牢记:如果你做了错误的决定,你的行为就会引起不良的后果。父母当然可以坐下来与你谈一谈,但前提是取消你使用车和电视的权利一个星期,不许参加周末通宵派对或其他派对，给因为你的行为受到伤害的友人写一封道歉信……所有这些对孩子来说都很糟糕。

立下以上那些惩罚条款之后，父母跟孩子之间的聊天就成了重中之重。只是要小心，你们的谈话不要开启借口之门。记住，孩子的错误没有任何借口。

父母坚信自己的孩子没有做错事——这种根深蒂固的想法也来自后现代心理学“为人父母”的观念。在运用心理学去解释孩子的错误行为之前，父母应该冷静客观地思考事情的来龙去脉。如果孩子撒谎被发现了，父亲或者母亲应该非常笃定地对自己的伴侣说：“比利对我们说谎了。”比利便因此受到惩罚。但是今天，在同样的情况下，比利的父亲或者母亲则很可能问自己的另一半：“比利为什么说谎？”你明白其中的区别吗？五十年前，根本没有人在意孩子为什么说谎。总之他的的确确说谎了，就这么简单。一旦孩子试图为自己的撒谎这一行为辩护，他的父母就会说：“年轻人！没有如果、而且、或者、可是……如果你要找借口自我开脱，那只能让情况变得更糟！”为什么那时的父母从不听孩子的任何解释？因为在解释的过程中，孩子必将会再一次撒谎。父母只是极力避免必须惩罚他两次而已。

我的观点是，与孩子犯错这件事相比，今天的父母更关心孩子为什么会犯错。所有的解释都基于心理学层面，比如“比利说谎是因为他害怕说实话”——一旦比利承认自己做错了事情，本来就冷漠生疏的父亲会更不信任他，对他最关爱有加的母亲也会失望……所以，父母必须保护比利，不承认他犯了错误，而首先要做的就是控告老师对比利的不公平，诸如此类。实际上，在父母的潜意识中，这么做的目的恰恰是自保——绝不让他们最恐惧的事情成为现实。

我们的父辈认为，如果孩子在学校犯了错误，老师就应该惩罚他；老师可能会把他送到校长那里，校长再对孩子进行一番教育；之后校长会打电话到家里，与孩子的母亲通话，听完校长一席话后，母亲会说："等他回家之后，我会好好处理的。"孩子回到家，母亲当然会像自己先前跟校长许诺的那样，再"收拾"孩子一顿。最后，等孩子的父亲下班回家之后，孩子又会被父亲惩罚一次。

而今天的情况则大不相同。孩子在学校犯错之后，老师或者校长照例会跟学生的父母取得联系，但大多数父母(特别是母亲)会表现得好像孩子的辩护律师，她根本不相信老师对孩子的"指控"，她会指责老师忽略了孩子的正当需求，或者认为问题的症结在于老师与她孩子根本就是性格不合。于是，老师这个角色突然就成了"烫手的山芋"，尴尬异常。还有些父母甚至可能会借助法律武器威胁学校——这无疑彻底击败了校长。为了让父母平静下来，校长只好附和父母的看法，共同指责老师的处理方法有失偏颇。那老师们又能怎么做呢？他们只好尽量在课堂时间里完成对犯错的学生的惩罚，而且除了跟别的老师偶尔谈论之外，不再跟学校提及此类事件，更不会试图与学生家长取得联系——可谁又忍心责怪这些可怜的老师呢？

到底是谁的作业？

从前，家庭作业是孩子的负担。今天，作业却不再只是孩子的负担，更是很多父母的负担。我念书的时候，一般父母都会这么问："做完作业了吗？"我记得六年级的科学老师宣布，如果让他发现谁的年度科学研究专题是父母帮忙做的，这个学生肯定没法及格，没有任何余地——后来，我的好朋友查理(还有他的爸爸)

亲身验证了这位老师没在吓唬人。然而,现在的父母假如有哪天晚上没帮孩子做功课,自己都会觉得愧疚。

我问过我的同龄人,为什么他们的父母从不插手孩子的家庭作业,他们的回答总是:“总之我确定我父母不会帮我做这种事。”家长所以需要帮孩子写作业,是因为他们的孩子对自己不负责任。而我们小时候自己做作业,是因为害怕受惩罚。所有迹象和数据都表明,20 世纪 50 年代的孩子们的心理状况要比今天的孩子健康得多。换句话说,即惩罚对我们那代人并非完全有害无益,相反,可能是一种变相的福利。

现在的学校也鼓励家长们参与到家庭作业中去,因为 20 世纪 70 年代的一项研究发现,越南儿童在科学与数学方面已经胜过美国儿童,而他们所以胜出,并不是因为天赋异禀,而是因为有父母帮他们完成家庭作业——不只是父母,而是爷爷、奶奶、姑姑、阿姨、舅舅、堂兄弟(姐妹)……齐上阵,甚至邻居有时候也会被安排到某个孩子家庭作业的相关“岗位”上。然而,美国人忽略了一个事实,那就是越南的家庭作业就是学习英语,而英语作为学习美国文化的必备工具,学习英语必须要有语境的熏陶,所以越南父母的做法完全是出于其国家特有的文化背景。美国人没有认识到这一点,而是盲目认为父母就应该参与到孩子的家庭作业当中,仿佛这是能治愈孩子日益下降的成绩的一剂良药。

父母介入孩子的家庭作业对孩子成绩的提高根本起不到什么积极作用。从 20 世纪 60 年代开始,美国学生的成绩持续下降。美国学生的科学和数学两门课程的分数在国际测试中几乎是垫底的。最近一项研究发现,美国学生的基本历史知识简直趋近于零。事实上,让学生自己做作业,对他们成绩的提高反而更有利。

不少父母会反驳说："但是，约翰，我试过让孩子自己做作业，可他根本就不听！"

这可能是真的，至少目前看来是真的。一般情况下，我的经验是：在父母不参与家庭作业的前提下，孩子在学校的学习会更有效率。这种积极的循环可能不会立刻发挥效果，但最终一定会实现。此外，如果某些学科的家庭作业孩子完成得不够好，那父母必须给予孩子适当的鼓励。对有些教育问题，单纯的惩罚是不合适的。但是个人和专业的经验告诉我，一提到作业，很多孩子马上就会变得心不在焉，而且这种现象非常普遍。

父母的底限应该设定在这里：通常情况下，在举止失礼的孩子中间，对自己行为的后果存在疑虑的孩子要比"无所畏惧"的孩子更容易教育。这一结论同样也适用于孩子在学校的表现，其他的相关研究结果也支持我的观点。心理学家黛安娜·鲍姆林(Diana Baumrind)曾进行过一项为期数十年的研究，以汇总各种不同为人父母方式所产生的结果。她发现，当同样是在家庭里备受宠爱的孩子犯错时，那些受到父母惩罚的孩子比父母一味帮忙找理由开脱的孩子，在学习上遇到的问题更少。

需要注意的是，我并不是说父母不应该注重孩子的学习。如果孩子的父母对孩子是否拥有好习惯和好成绩毫不在意，那他们的孩子也不可能在学习和生活方面做得很优秀。

关心与参与

最近，一位气愤的母亲给我看了她二年级的儿子的老师所写的一封号召父母参与到孩子的学习中来的信。信中直言不讳地说:如果你希望你的孩子取得好成绩,那你就必须先了解他的作业情况——当他做作业的时候,请你坐在他身边。

“你怎么看这种事?”这位母亲问我。

我觉得这的确让人很气愤——本来我以为大多数老师应该是有头脑、懂道理的人。父母经常参与到作业中,会严重妨碍孩子承担“家庭作业”这一项他必须面对的个人责任。这种行为会造成依赖心理,阻碍孩子创造力的发挥,剥夺孩子去迎接挑战的权利。如果说分数就是学习的短期目标,那父母帮助孩子完成作业根本无法提高孩子的考试分数;而如果说学习知识是学习的长期目标,那经常参与作业的父母,无论是从长期看还是从短期看,都害了他们的孩子。

父母的确应该在孩子的教育上多放心思,但关心与参与完全是两回事。在必要的时候给予适当的指导是好的,但是为了作业能够更快速地完成而沦为做作业的工具则是不对的。不幸的是,那些拒绝变成“作业枪手”的家长必须接受这一事实——孩子的很多同学的父母一心只想孩子能获得更高的分数,以便自己四处夸耀,聊以自慰。所以,在孩子的家庭作业前作出正确选择的父母,必须要接受自己的孩子可能在班里成绩排名靠后的现实,哪怕他可能是唯一一个用成绩来准确反映自己的实际能力与坚毅品质的学生。对父母来说,这个选择的确很艰难,但必须坚信的是:这是一个正确的决定。

那些鼓起勇气去做正确决定的家长们,请看看下面这封信——它是反驳“想做一位好妈妈,就必须帮助你的孩子做作业”观点的最好论据:

亲爱的老师：

恕我直言，我是不会帮孩子做作业的。即使他这样要求，我也不会帮他。在有些情况下，我会直接告诉他：孩子，你很聪明，你完全可以自己搞定。然而，大多数时候，他显然没法一个人搞定。我不是个懒惰的家长，但我同样也不想成为一个任何事上都越俎代庖的家长。事必躬亲未必永远正确。不管他们被称为“老板”或是“妈妈”，他们会带来坏的一面。

写这封信的目的就是表明我的态度——我不会介入到孩子的家庭作业中，就是这样。当然，我会偶尔提供一些必要的指导，但仅此而已。如果一个人的妈妈总站在投球区的土堆上，那他永远也不会成为一个伟大的投手。同理，如果一个孩子的妈妈每晚都帮他写作业，那这个孩子也不会成为一个优秀的学生。

虽然我保留我的意见，但我知道有些作业是需要家人一起协助完成的，而另一些作业可能确实超出了孩子的能力范畴，在类似的情况下，孩子会非常希望家长对他提供一些必要的帮助。请您放心，我会尽我应尽的义务，不会因此打他也不会让他挨饿，但我不会不负责任滥施母爱，以致导致不良后果。

顺便说一下，如果他触犯了您的权威，即使他可能确实有靠得住的理由，我也会站在您那一边。在这种情况下，孩子永远不会发现家长跟老师之间存在分歧。他需要明白生活不可能总是公平的，您觉得呢？

我希望这封信不会让您太失望。其实我是您最强有力的支持者。

问题

问题:在是否要因为孩子做家务而付给他报酬这个问题上,我跟丈夫出现了分歧。他觉得就像我们因为工作而获得报酬一样,孩子应该获得报酬。而我认为孩子们做家务是履行家庭义务,就好像我不需要因为给家人做晚饭而拿报酬一样,也无须因为孩子做了喂狗之类的家务而付给他们钱。你觉得我们谁说得对?

回答:我同意你的观点。家务活儿是一种义务,应该根据家庭成员的年纪和能力去分配。用“工作”形容孩子做的家务,会导致一种错误概念的产生——即认为孩子做家务与成年人在外工作是一回事。两者的区别非常明显:父母的工作给孩子提供了生活的保障,而孩子通过做家务履行义务,为家庭提供服务,几乎是孩子对家庭有所贡献的唯一方式。况且,父母在家里做的家务和履行的其他家庭义务都是没有报酬的。在这种情况下,因为家务和家庭义务而付给孩子钱,其实是暗示孩子在家中可以只享受权利,却不必履行义务。这实在是一种非常危险的观念。

有人会认为因做家务而付给孩子钱其实是一种激励行为。这并不是事实。实际上,它会产生反作用。因为做某些家务而付给孩子钱,就会让他产生一种错觉:如果他们此时不需要钱,他就不必去做家务。在这个前提下,我从未发现哪个付钱给孩子做家务的父母能随时随地让孩子负担家务的。

为做家务买单也会模糊家务本来是义务这一本质。有酬劳的家务不再是为家庭所做的贡献,而是为挣钱所付出的服务。为家务琐事买单,把钱放到孩子的口袋里,在他们脑海中不会产生

任何正面意义——除了可以教会他们一点商业知识。与之相对的，是无形中帮他们推脱了对家庭的义务。

尽管家庭不是，也不应该成为一个民主的场所，但家务可以让孩子了解到民主的可行性，就像成年人会基于公民而自觉地放下自我利益，主动提供社会服务。这种服务道德并不是自发形成的，而要通过学习来掌握。这实践了那位老祖母所说的话：好的公民始于家庭。

不幸的是，相当一部分父母并没有让孩子规律性地做些家务劳动，相反，他们总是很随意地给孩子安排家务活。这又会导致一种错误观念，即在亲子关系中，有义务的人是父母，孩子只是偶尔帮忙而已。

我的建议是：孩子在三岁之后就应该快速熟悉家务。这些家务琐事应成为孩子日常活动的一部分，就像睡觉之前要上厕所一样成为习惯。可以先让孩子在自己的“领地”里做些杂事，例如每天的某一时间把满地的玩具捡起来收好。在这之后，渐渐把这种责任扩大到更大的空间内。而一个五岁的孩子每天在家中做半个小时的家务是合理的——可能有人会感觉很惊讶——我来说明一下，三十分钟只不过是一个五岁孩子每天平均坐在电视机前时间中的十五分之一。孩子有时间做家务吗？当然！这只是简单的优先次序的问题。

问题：有一天，我跟丈夫告诉十二岁的儿子和九岁的女儿，每天晚上都由他们俩负责照看家里的宠物。之后的每个晚上我们都得提醒他们这一点，而孩子们则总要在完成任务前先吵一架。实际上，这个任务对他们来说并不费力，而且我和丈夫都觉得这对他们有益无害。孩子们其实很清楚他们每晚需要做的家务，而且这已经是一种硬性规定，没有任何余地了。但每次除非我们提醒，不然他们就一直在磨蹭；甚至即使我们已经唠叨了很多遍了，他们还是在打闹争吵。我们要怎么做才能确保他们能更好地完成自己的任务，不用我和他们的父亲不停地催促提醒？我们为此伤透了脑筋，请求你的帮助！

回答：本着专业的严谨态度，我查看了最新版的《大惊小怪》，结果却发现，你的孩子很可能是受到了父母唠叨和家务的双重折磨。历史文献中第一次出现文字记载的类似事件是在人类被逐出伊甸园之后，从那时起，做家务成了每个人的义务。

解决方案非常简单：首先，停止唠叨，也别针对某一件事对孩子纠缠不休，告诉孩子："你们再也不会听到爸爸妈妈唠叨关于家务活儿的话题了。你们已经很清楚自己要做哪些家务活儿，我们希望你们在七点之前完成这些事情——如果到了七点你们还没有开始做，那我跟你们的爸爸就只好替你们做……明白了吗？"不用再多说！

如果孩子对此还有疑义，无论他们说什么，都回答："我们的话已经说完了。"之后只需静观其变。如果下一次孩子还是不按照既定时间开始履行自己的义务，你要做的就是气定神闲地走出房间，帮他们完成家务。

等做完家务，你就回到房间，告诉孩子们到该上床睡觉的时候了。记住，说这话的时候要友好一点！他们一定会抗议说："还有两个多小时才到睡觉的时间呢！"这时候就该你说话了："哦，我没有告诉你们吗？不管是你们自己完成，还是我们为你们完成，总之家务在晚上七点之前必须结束。如果某一天的家务是我跟你们的爸爸做的，那你们就必须在我们俩完成家务的同时马上上床睡觉。而且一旦我们俩在做了，今天你们就没有机会再补做家务了，因此就只能去关灯睡觉。顺便说一下，如果一星期内我们

帮你们做家务不止一次，那么你们所有的周末特权都将被取消。现在，有什么问题吗？”

所有这些话都要用不卑不亢的口吻说出来，一定要杜绝愠怒的语气、蠢笨的表情和不断的耸肩。

现在又要涉及到我说过的“过失原则”(agony principle)：只要孩子有足够的能力自己去思考一件事，那父母就不应该总纠结于孩子做事的细节，因为一个面对问题的人会自己想方设法来走出困境。在这种情况下，如果你总试图越俎代庖，那么除了会让自己越来越烦躁之外，不仅于事无补，对你的孩子也没有任何好处。当你让孩子觉得家务活儿的确是自己必须要去面对的问题时，他就会自己想办法去化解难题了。

现在坐下来，放松，从从容容地让孩子们看到那些拒绝履行义务的人会在现实世界中怎样处处碰壁。他们是九岁和十二岁，对吗？好，现在开始这种训练还为时不晚，但必须抓紧了！

问题：两个问题：在最近的一期专栏上，你鼓励孩子做家务，并且建议父母不要为此掏钱。那么，你也同样反对父母给孩子零用钱吗？第二个问题，如果家里有好几个孩子，那父母应该安排他们要经常轮流做家务吗？

回答：只要零用钱并不跟孩子做家务活儿发生联系，我就不反对给孩子零用钱。换句话说，零用钱不能用于作为激励孩子做家务的手段，而当孩子没有及时、适当地履行自己的义务的时候，限制孩子的零用钱也不应该被当作一种惩罚方式。

做家务能教会孩子面对责任、自我约束、合理安排时间以及大量其他的生活技巧，所有这些对一个人的成功来说都是至关重要的。而零用钱能帮助孩子学习理财，但父母也需要在给孩子零用钱这件事上动一点脑筋，适当地加以限制：比如说，对一个五岁孩子，父母大概每周给孩子五美元，并告诉他，他可以用这些钱买自己的玩具。因为每周的零用钱不足以去买更多他喜欢的东西，他就不得不去学着预算和节约——任何一个孩子都不是天生懂得这些的，需要在后天学习掌握。

至于孩子是否应该经常轮流做家务，我的建议是不要这样做。问一下你自己，这种情况在现实生活中会发生吗？一个银行出纳员，可以这个星期是主管，下个星期就摇身一变成了门卫吗？你很快就会得出结论，这只会导致家务活的安排上出现混乱——同样，孩子们轮流做家务的结果就是所有的计划都会乱成一团。

有的家长会做出这种错误的选择。于是，每次到了该干活的时候，孩子们就不可避免地开始争论这次该轮到谁去做什么了。因为没有哪一项任务完全属于哪个孩子，所以谁也不会为完成这项任务而抱有成就感，他们很可能会得过且过地混过去。而当父母指出某个任务没有做好的时候，孩子们就会相互指责，推卸责任。因为要轮流作业，所以孩子需要花更多的时间才能熟练掌握每一项家务。

如此说来，轮流做家务可真不是个好主意——因为只要做出这个决定，为了让孩子乖乖去做家务，父母们就又要陷入永无止境的提醒、呵斥、争论中去了——这简直是家长绞尽脑汁想让孩子获得公平却适得其反的一个最典型例子。

可能有人会说：“但是，约翰，如果不让孩子们轮流做家务，那他们每个人就只会做某一种家务活，别的家务活都不会做了啊！”

的确如此。但我上面所说的轮流做家务，是特指让孩子们频繁地交替做家务。但如果等每个孩子都学会了大部分家务，且非常熟练精通的时候，再让他们交换任务，那是比较合理的。我认

为政策的频率大概是每四个月让孩子们交换一次。需要注意的是，交换的间隔越短，我们上面所列举出的问题就会越突出。

家庭是一个组织，更确切地说，家庭是社会最基本的单元。在这个组织里的每一个人（不包括婴儿和蹒跚学步的小孩）都应该为了组织的共同目标齐心协力，所以家庭中的每一位成员都应该为家庭承担一份义务，以此帮助自己确定在家庭中的角色和地位。所以，父母需要从孩子小的时候就开始灌输他对家庭的责任感，帮助他更快地适应自己的角色，进而履行自己的义务。

问题：现在的孩子能自觉去完成家庭作业吗？女儿学校里的老师认为，父母应该安排时间督促孩子按时完成家庭作业——他们称之为“作业的好搭档”。这样做的结果，是孩子认为父母有义务帮他们写作业。

但是，丈夫和我都认为孩子应该自己独立完成作业。当然，当孩子的确需要帮助的时候，我们会给予他必要的辅导，但是我们绝不会成为什么“作业的好搭档”。关于这点，你怎么看？

回答：首先，我同意你的看法。在这个问题上，家长完全可以不理会老师的无稽想法，比如让家长成为什么“作业的好搭档”。你跟你的丈夫必须坚持让孩子独立完成作业。

想让孩子自动自觉地去完成作业，方法非常简单，我父母那一代人为人父母的时候，都做得很好。

首先，不要让孩子在太随意的场所里做作业——无论是在餐桌上还是家里的任何其他地方。父母们需要明白，孩子应该在自己的房间里完成作业。所以，家长应该确保孩子有一张光线充足的书桌，在他学习的地方要配有适当的学习用品，如纸、铅笔、钢笔、蜡笔、尺子等等。因为孩子要在家里做作业，所以作业已经成了一件家庭事务，这就会让孩子产生更强的抗拒心理，所以必须要有相对优良的环境。

其次，限制每晚辅导孩子作业的次数，并且控制每次辅导的时间。举例来说，当我的孩子到了适学年龄的时候，我和妻子定了一条约定，即我们每晚辅导孩子学习的次数不超过三次，且每次的辅导时间不超过五分钟。在这样苛刻的限制下，我们的孩子还是取得了好成绩，考上了名牌学校。

我认为家庭作业的“搭档体系”的潜台词是告诉孩子：你的能力不足。因此，当经验丰富的老教师告诉我，今天的孩子解决问题的能力比不上二三十年前的孩子时，我并不感到惊奇。而且，我不得不猜想，很多孩子自己也觉得，与其在课堂上集中精力，还不如回家让父母帮自己完成作业呢。

最后，要让孩子对自己在学校里的表现负责。就像没有责任感的成年人要承担自己行为所导致的不良后果一样，不履行义务的孩子们也应该承担相应后果。应该尽早让孩子看到成人世界中的经验教训，以防患于未然。

问题：二年级的儿子在今年的两次考试中都得了 A。但他的努力只获得了分数的肯定，却没有赢得老师的认可。老师在他的学期评价报告上说：“他的潜力只是偶尔才发挥出来。”

的确，他经常不仔细阅读作业要求，以致很多题目都没能按照要求完成；他还总是匆匆忙忙地完成作业，马马虎虎的。老师也提到他是个非常有能力的学生，理解力很好，会心算……所以老师每次都给他一次机会重新做作业，以让他的作业达到 A 的标准。最后，老师将我儿子的问题归结为注意力不集中。

事实上，我儿子平时不看电视也不玩电子游戏。他的很多时

间都用来做家务了——这是个好习惯。根据您的经验，我怎样才能让他保质保量地完成作业，别再马马虎虎的？

回答：问题的关键，是老师在给孩子划定成绩时所报的态度。现在，很多老师对自己的学生降低了要求和期望值，这无疑会让一个本来很有实力的孩子慢慢走下坡路。因为孩子已经意识到老师早已暗中允许他们降低对自己的要求了。

老师既然很清楚地说明了你的孩子有邋遢的习惯，而且意识到这会导致他不能保质保量地完成作业，那为何不直接因此对孩子施以适当的处罚呢？她不但没有处罚你的孩子，还给了他机会去重做完成作业，纠正错误，并以修改过的作业为蓝本，给了他最好的成绩——A。

也就是说，实际上，你的孩子并没有改进他做作业时的不良习惯，可他还是得了A。但这恰恰说明他的确很聪明，因为他已经知道自己根本无需为了获得好成绩而改变学习方式——反正到时候老师自然会给他留有余地的。

老师说你儿子需要“更集中”注意力，这当然是在暗示说他注意力涣散。但是——别理会这种说法！

很显然，问题根本不出在你儿子是否注意力集中上。表面上看来，这是老师善意的指责，但实际上，这位老师根本没有尽到自己的职责。你要很坚定地告诉她：您应该按照我儿子作业的真实水平为他评定成绩，而不是给他机会重新完成作业，直到符合了A的标准，再给他个A。

也就是说，老师给学生的成绩，应该最真实地反映学生作业的水平——是他平时作业的水平，而不是在老师的督促下反复修改之后的作业的水平。只要学生的作业没有达到基本要求，老师就应该施行相应的处罚措施。

你还要向老师保证，在上述前提上，如果你儿子的分数出现了大幅度的下降，你作为家长，一定会严肃认真地处罚他——但是你绝不会把这种处罚变相地发泄到老师和学校头上去。

这位老师的做法不是教育，而是溺爱。溺爱并不能激发孩子的创造力。恰恰相反，那只会让情形变得更糟。

问题：我们十六岁的女儿一直被数学成绩无法提高困扰着，于是，我们给她请了一位家庭教师。女儿目前在做一份兼职工作——我的问题是，你认为她应该负担部分还是全部的辅导费用？

回答：解决这一问题的最好办法就是让孩子——最典型的就是像你女儿那样有份兼职工作的高中生——先负担所有的辅导费用。父母需要承诺的是：如果之后她的成绩提高了，就把这些钱还给她。

不用怀疑，孩子的成绩一定会提高。天下没有免费的午餐，需要自己付出精力甚至金钱的事更能让孩子珍惜。

问题：我们六岁的孩子记性很不好，他总记不住叮嘱他去做的事；除此之外，他也经常不记得应该做家务，诸如此类。我们简直想叫他“小迷糊”，因为他总那样迷迷糊糊的。可奇怪的是，他在学校就没出现过类似的问题，只有在家里才这样。我丈夫说他小时候也遇到这种麻烦，所以我们怀疑儿子的问题是不是来自于遗传。请问健忘可以治愈吗？还是除了继续忍受，就别无他法了？

回答：可以肯定的是，你孩子的健忘不是来自于遗传。家有患“健忘症”孩子的父母，通常会非常忧虑，恨不能求神拜佛给孩子

治病，但是他们却很少真正采取行动告诉孩子必须听话，以克服孩子的健忘。

“不听话？”又有人要大呼小叫了，“哦，约翰，你要先搞清楚我的问题！健忘和不听话完全是两回事啊！”

你错了。注意——所谓健忘的孩子经常忘记自己的责任和任务，却很少忘记冰激凌在冰箱里的位置，或者是父母对他许下的承诺。像大多数孩子一样，他会记得他想要记得的，却忘记他不想要记得的，比如忘记做家务。虽然并不十分明显，但这就是“不听话”的另一种被动消极的表现形式。如果一个六岁的孩子常常忘事，那就是不听话，父母必须惩罚他。

治疗建议：先列一个单子，上面是你儿子喜欢做的事情，如骑自行车、跟小朋友们一起玩游戏、看电视、玩电子游戏……然后把单子保存起来，他每忘记一次父母嘱咐过的事，就从名单中删除一项他喜欢做的事情——而且要从他最喜欢的那一项开始删起。

每项删除的权利要一直到下周一才可以恢复。每个周末的晚上，你把儿子赶上床之后，就可以清除前一星期的记录，并贴一张新的单子在原处。

从心理学的角度来说，这就叫做“回应成本”（response—cost）系统。换句话说，你儿子的健忘将会使他不能做自己喜欢做的事情。

我称这一建议中最令人激动的因素为“裁判的裁定”：没有提醒、没有警告、没有第二次机会——只要他健忘一次，他就会失去一项权利。“裁判的裁定”即你从未接到过哪位裁判员的警告或提醒。

如果你下定决心运用这个古老的方法来治愈孩子的健忘，那么我几乎可以保证，在接下来的几个月内，你将发现孩子的记忆力马上就出现了惊人的提高。

问题：我们夫妻俩有三个男孩，四岁、五岁和八岁。两个小一点的孩子住在一个房间里，可想而知，那个房间里乱极了。他们不看电视，而是画画、听音乐、撕纸……这样就能玩耍一整天。如果我告诉他们该清理房间了，他们也会照办，但没过几分钟，房间里又会马上乱得一团糟。八岁的那个孩子相对安静一些，因为他自己住一个房间。我总要不停叮嘱他们把房间整理好，我已经发现自己的确越来越唠叨了。难道我应该把门关起来，任凭他们随便折腾吗？

回答：无论是从我这里，还是读者那里，你都得不到太多同情。简而言之，你家里的三个男孩具备以下特点：

a. 他们可以玩一整天自己发明的、充满了创造力的游戏；

b. 你让他们收拾房间的时候，他们会很快照做并且毫无怨言；

c. 他们很尊重长辈，从没用“唠叨”一类的字眼形容你。

其实你的压力的来源并不是孩子弄乱了房间。你甚至应该感谢上帝——孩子只不过把房间弄乱了，而没有出现任何其他的不良问题！所以，现在你也应该学着投桃报李，客观地看待自己的孩子——实际上，你的压力的源泉是你自己不合理的期盼。你的孩子们充满了创造力，不是吗？那满满一房间，不是纷乱的杂物，而是他们的创造力啊！

当然，你让儿子打扫自己的房间这件事是无可厚非的，不过可以把时间限定在睡觉之前，一天一次。至于白天，就让他们关着门玩耍吧。俗话说得好：眼不见，心不烦。

问题：我家里十三岁的独生子威廉姆一直表现良好，在学校的学习成绩也很好。去年夏天的暑假期间，我们一家三口决定让威廉姆每星期在他父亲的办公室工作一天，这样在校的每个周末都可以赚钱，以培养一种良好的职业素养。但我们遇到了问题——威廉姆说工作使他错过“有趣”的童年，剥夺了他天真无邪的时光。针对这个问题，他们父子二人之间爆发了激烈的争论，还引起了很多其他的家庭问题。如果威廉姆是你的儿子，你会坚持让他去打工吗？

回答：如果让他去工作就必然引起家庭骚动，那我不会再继续坚持。搞清楚威廉姆的意图之后，如果他确实想要退出工作，我会允许他退出。在威廉姆这个年纪，如果父母强迫他去做某件事，可能会引起他强烈的叛逆心理。除此之外，即使现在他拒绝去父亲的办公室工作，也不意味着他长大之后一定会变成一个游手好闲的人，不是吗？

你问我如果我是威廉姆的父亲我会怎么做，我是这么想的：我会告诉他，如果他不想为我工作，那我也不会强求。我会一周给他二十美元的零花钱（可上下浮动，但必须控制在每月八十美元以内），他需要为自己的大部分额外消费付账，除非那些娱乐活动也有其他家庭成员参加；另外，我绝不会预支他下一星期或者下一月的零花钱。如果他确实需要更多的钱，那就必须去工作。当然，如果邻居有工作可以给他，他也可以为邻居工作。需要注意的是，如果他向我要求一个工作机会，最终却被证实他的能力不能胜任这份工作，他就会被解雇，没有任何商量余地。

这类问题的解决方法，在我从前出版的育儿书中已经写得很清楚了。总之，父母要想办法迫使他做资金预算，开始独立面对经济现实，包括“天上不会掉馅饼”的原则。这是让他经济独立的好办法,他可以通过反复的实践对金钱的支配形成概念。除此之外,正处于紧张中的父子关系也会得到缓和。

从星期一到星期六放学后或者午饭后,我会安排威廉姆每天至少做一件家务杂事。而且他的零花钱和他做的家务是完全独立开来的。换句话说,他做家务是免费的,因为他是家庭成员之一。如果他没有做我规定的这件家务,我不会唠叨,我只会默默帮他做完——但如果我整个星期都在帮他做家务,那他本来拥有的周末特权就会被取消。

我不认为管教一个青少年(或者任何年纪的孩子)需要事无巨细,面面俱到。但要培养一个优秀的孩子,也还是要动点脑筋的。你们要帮威廉姆一个忙,让他主动去体验生活的艰难,而不是把父母的意愿强加于他。

问题:因为校长总是忽视我正读三年级的儿子,所以我向孩子的一位老师提了一些建议。老师给孩子布置家庭作业的时候都提出了很严格的要求,但这种方式对我儿子根本不起作用。这一学年开学还不到一个月,孩子与这位老师之间的矛盾已经非常激化了。我去找过校长,试图交涉这个问题,但她说我儿子亟需权威教育专家的辅导,而且势在必行。我该怎么做?

回答::简而言之,你的问题,就是一个孩子与一位权威人士发生了冲突。这简直是不可思议。两位成年人之间可能因为个性差异发生冲突;两个孩子也一样。但是一个孩子和一个老师(或者其他权威人士)之间绝不该因为个性原因而发生冲突。

这种冲突可能是一种新的讯号。在过去的四十多年中,成人跟孩子之间的界限被模糊了。20 世纪 60 年代,心理学家托马斯·戈登(Tomas Gordon)是父母效能训练方面(Parent Effetive-

ness Training)的权威，他提倡大人孩子之间的关系应该是民主的。戈登与追随他的人们经常在论文里提到“民主的家庭”、“民主的课堂”一类的字眼。在这些概念背后存在一种暗示，即成人和孩子是平等的，他们该在一个公平的环境中活动。

这种邪恶的结构主义概念从此根植在了我们的文化中——从前的孩子必须听大人的话，演变成了大人要与孩子建立一种积极的工作关系。实际上，这种糟糕的观念完全颠倒了大人孩子之间的关系。它把大人本来的权威形象转变成：为了让孩子承认大人的权威，必须努力讨好孩子。

46 年之前——那时我七岁——不管我喜不喜欢那些老师，我都必须听他们的话。我不敢告诉父母老师不喜欢我，因为父母一定会马上认定：那肯定是你在班上做了些不讨人喜欢的事，要不老师干吗偏偏不喜欢你？然而，如果现在哪个老师得知居然有学生回家跟父母抱怨说“老师不喜欢我”，他马上就会惊诧、甚至惊恐。

在现实世界的体系中，成人必须遵从于合法的权威人士，不管他是否喜欢这些权威——除非哪一天，人们一旦不喜欢某一位权威，就可以对其投反对票，然后轻轻松松换个新工作或者搬到别的地方。我们顶多可以对权威人士不以为然，但决不能随意违抗。

我的头脑中长存一种老套的观念：大人有责任培养孩子足够的能力来适应现实世界的规则。

我觉得你应该告诉那位老师一句话——这句话我曾经对我女儿艾美的高中老师说过：“我并不赞同你处理一些问题的方式，但我要说——我会支持你的决定，无论我赞同还是不赞同。另外，我会告诫艾美一定要听你的话，如果她不听，就要接受惩罚。”

从长远来看，这对艾美是有好处的，相信对你的儿子也一样。

同时，我认为你应该多放一些精力在对儿子的惩罚上。因为你所描述的你儿子的情况，与其说是对要求过高的大人的本能反感，还不如说只是他还没意识到自己应该学会遵从大人的话。

最终测试

读完《罗斯蒙德欢乐家庭书》这本书，让我们回到我写作这本书的初衷上。作为一名教师，我真心希望这本书的内容能对父母们有所触动，希望我的观点能为读者带来一些启发，对读者本来的生活有一点改变。然而只是阅读是不够的。一般情况下，每学完一门课程之后，都要面对一次最终测试作为结束。那么，这一本《罗斯蒙德欢乐家庭书》也不例外。这个测试的每一章都由10个需要判断正误的判断题组成，共50道题。需要注意的是，测试后面会紧跟着答案，但请先不要偷看答案！测试没有时间限制。实际上，如果你已读完整本书，你一定会很快完成这些题目。中途不要去洗手间，以防万一——某些人可能会在写到某些关键信息时作弊，而作弊可是不被允许的哦。准备好了吗？请开始吧！

第一章

1. 在家庭中，夫妻关系的牢固程度不能超过亲子关系，否则孩子将会感到非常不踏实。

2. 如果父母要把孩子带到再婚家庭中或者重组家庭中，在新的婚姻开始之前，先要消除孩子的疑虑不安：继父母必须保证不会虐待孩子。

3. 一个家庭中，父母应该主导与孩子的关系，问题少年往往没有认清这一点。

4. 一个八岁的孩子现在在冠军足球队，那么，当他三十岁的时候也一定还在打球。

5. 家庭中的很多管教问题，其实只要适当地减轻压力就可以解决。

6. 一种减轻家庭压力的简单方法是让孩子尽可能多地参加很多课外活动，并且参加他力所能及的每一个训练或者游戏。

7. 大多数研究发现，在处理与他人争执问题上，一直上托儿所的孩子比不上托儿所的孩子要更心平气和些。

8. 今天的很多妈妈试图跨越育儿的障碍，这一信息说明并非最忙的母亲就是最负责的母亲。

9. 理想的美国父亲能做孩子最好的伙伴。

10. 一家人应该睡在一张床上，这是为了让孩子清楚地知道他们也是婚姻中的一员。

第二章

11. 实施有效的惩罚的关键在于掌握不同的方法，比如控制时间，取消特权等等。

12. 有效惩罚的三个以 C 开头的词语中，最重要的一个是恰当的后果。

13. 实质上，惩罚就是父母让孩子变成信徒，让孩子听从父母的管教的过程。

14. “先锋演讲”特指发生在午夜或者周六晚上的一种家庭成员之间的交谈。

15. 对父母来说，只要适当地运用惩罚技巧，就能很好地扼制

孩子的坏习惯。

16. 严格遵循育儿专家们的指导，就可以解决孩子的行为问题。

17. 允许孩子掌控父母与孩子的关系会让孩子变得自尊心强并更尊重父母。

18. 要求孩子早睡觉会导致孩子对床和房间产生恐惧，并会做噩梦。

19. 为了使得惩罚有意义，父母需要做一些能够让孩子记住的事情。

20. 始终如一地坚定你的承诺，可以帮助孩子控制他（或她）的行为。

第三章

21. 自尊心的强弱与学习成绩的高低成正比。

22. 二十世纪六十年代和七十年代早期，美国家长采用了更先进的育儿准则和方法。

23. 在同等条件下，宁可批评一个自信心不足的人，也不要批评一个自尊心强的人——批评后者，更加危险。

24. 自尊和自负表示同一个意思。

25. 有的孩子一旦要求被拒绝就大吵大闹，那是因为他们自信心不足。

26. 自负的人往往对他人和社会的责任感更强。

27. 自尊是由于对他人尊重而发展起来的。

28. 我们把自信心不足的孩子称为“被宠坏的小孩”。

29. 孩子的生日聚会只有家人参加就可以。

30. 孩子需要表扬，但不是过度的表扬。

第四章

31. 品格好的人举止自然也很良好。

32. 今天的大多数父母认为品德比成绩更重要，但是他们还是花了更多的时间在帮助孩子取得好成绩上，而不是教他们懂礼貌。

33. 良好的举止是尊重他人的表现。

34. 如果孩子想打断大人的谈话，你应该教他说：“对不起，打扰一下”。

35. 今天的父母倾向于花更多的时间在那些不重要的事情上，而在重要的事情上却不怎么花时间。

36. 只要你不停地唠叨，孩子就会明白什么该做，什么不该做。

37. 在宗教价值受到重视的家庭中长大的孩子，吸毒或者发生婚前性行为的概率一定比那些在不重视宗教价值家庭中长大的孩子要少。

39. 值得庆幸的是，今天考试作弊的孩子比四十或者五十年前要少。

40. 如果你想教会孩子某种行为举止，那应该把时间控制在一至两个星期内。

第五章

41. 当作为一个人的自觉行为出现时，责任是由良好的职业道德和自发的责任心所构成的。

42. 在家庭中，父母应该对孩子做的家务支付报酬。

43. 如果要在家务和课外活动中进行选择，父母应该为孩子选择后者。因为从长远看来，课外活动对孩子更有益。

44. 家务事在培养孩子的生存技巧方面会有帮助。

45. 今天的父母都认为自己的孩子天资聪颖，但是他们却把孩子当成傻瓜来培养。

46. 一个孩子说自己没有受到公平的对待时，实际上他的意思是“我没有实现我的愿望”。

47. 今天的孩子很少做家务，缺乏一种对家庭的责任感。他们在特权中成长起来，这势必会削弱美国的文化和经济。

48. 如果孩子觉得老师给他的分数比自己期望的要低，父母应该站在孩子一边。

49. 今天的很多父母认为他们的责任就是保护孩子远离负面结果。

50. 自从父母开始帮孩子做家庭作业，整个国家的测试成绩就一直下降。

以下是最终测试答案

1. 错	11. 错	21. 错	31. 对	41. 对
2. 错	12. 错	22. 错	32. 对	42. 错
3. 对	13. 对	23. 对	33. 对	43. 错
4. 错	14. 错	24. 错	34. 错	44. 对
5. 对	15. 错	25. 错	35. 对	45. 对
6. 错	16. 错	26. 错	36. 错	46. 对
7. 错	17. 错	27. 对	37. 错	47. 对
8. 对	18. 错	28. 错	38. 对	48. 错
9. 对	19. 对	29. 对	39. 错	49. 对
10. 错	20. 对	30. 对	40. 对	50. 对

你完全可以自己决定分数。不管怎样，低于 40 分的父母可能继续努力、摸索前进。

参考和建议阅读书目

Baumeister, roy F,《自负的威胁与暴力和侵略的关系：自负的黑暗面》，心理学评论，1996 年第一期：5—33

Baumrind, Diana,《社会化中才能的发展》，美国明尼苏达州关于儿童心理学的研讨会，卷 7，1993

《学校中的土霸摩擦》，《今日美国》，1997 年 9 月 7 日，生活版

Czudner, Gad,《防微杜渐——如何识别和纠正孩子们的反社会行为》，美国远景实业出版社，1999

Healy, Jean,《濒危思想：为什么孩子不想也不做》，纽约：西蒙与舒斯特公司，1991

Hymowitz Kay,《读或不读：为什么把孩子当小大人培养会威胁到他们和我们的未来》，纽约，自由新闻报，1999

Kellerman, Jonathan,《粗鲁的再生》，美国，兰亭图书公司，1999

Newberger, Eli H,《将会成为那种人》，珀尔修斯图书集团，1999

Pollack Willia,《真正的孩子:从双面少年的神话中解救我们的孩子》,美国:猫头鹰书籍,1999

Samenow Samuel,《亡羊补牢之前——为何孩子会深陷麻烦,他们的家长能做什么》,美国,纽约时报,1998

Whitehead Barbara Dafoe, David Popenoe,《老爸的定义》,美国企业,1999年9月—10月,31—34

Yeoman,Barry,《不良女孩》,《今日心理学》,1999年11月—12月,54—57,71

关于约翰·罗斯蒙德

约翰是一位家庭心理医生，也是十本育儿畅销书的作者以及“辛迪加”专栏作家——每个星期，他的育儿专栏都会刊登在两百多家报纸上。同时，他也是美国最忙、最受欢迎的公众演说家之一。近年来，他为家长、老师、商务人士、医生和其他身份的专业人士或普通观众，举办了两百多场演讲和讲习。

约翰获得以上成绩的先决条件是：与妻子威丽结婚三十七年，育有两子——埃里克和艾美，两个孩子都已成家立业，在各个方面都很出色；约翰和妻子还是六个孩子的祖父母，这六个孙子(女)年龄都在二至十岁间。约翰与威丽住在北加洛尼亚的加斯托尼亚。

约翰是加斯托尼亚传统育儿中心的执行主任，这个中心为想依据传统戒规养育孩子的父母提供对策。这个中心还定期出版名为《传统父母》的季刊，全美有数以万计的读者订阅该杂志。

想了解约翰，可以通过他出版的著作、他所做讲座的音频或视频资料(CD、DVD 等)和杂志《传统父母》来获得信息；还可以阅读他每周的专栏，查看他的演说时间表，或直接访问约翰的个人网站 www.rosemond.com。另外，想进一步获得大众演说家约翰的信息，还可以给威丽·罗斯蒙德发邮件至 whrosemond@aol.com。而想了解约翰育儿计划的手稿——《常规育儿》，则可以登陆 www.parentingbythebook.com。